下在我眼眸裡的雪

【新詩教學】

修訂版

仇小屏＊著

目錄

附錄

自序

自從於台灣師大國文系結業以來，幾乎一直都同時在扮演著學生和老師這兩種角色。而且，很幸運地，這兩種角色並不互相衝突，反而常常是彼此互動成長的。

研究所攻讀期間，在陳滿銘老師指導之下，一直持續鑽研「章法學」。先以六十餘萬字的《中國辭章章法析論》取得碩士學位，其後刪裁過半，以《文章章法論》爲名出版；然後在就讀博士班期間，又將原有章法的內容加以充實、擴充，並盡量包含各種結構類型，寫成《篇章結構類型論》（上、下）一書；除此之外，也針對一些值得探討的問題，寫成單篇論文，於各研討會及學術刊物上發表。

也因爲對章法有較多的接觸，深知章法在鑑賞文章時的重要性，所以自然而然地會將章法的觀念帶入平日的教學活動中，可說是「學以致用」；而且就在這學以致用的過程中，發現章法對於國文教學內容的豐富與提升，可以起著非常大的促進作用。因此就將發現所得，寫成〈談主旨出現在篇內的幾種型態〉、〈談主旨置於篇腹的謀篇方式〉、〈談章法教學——以高中國文教材爲例〉、〈談章法在國中國文課文裡的運用〉、〈淺探新詩的章法現象〉（原題爲〈談幾種章法在新詩裡的運用〉）等篇，分別發表於《成功高中學報》第一期、《國文科教學研究專輯》㈤、台北市教師會中等學校國文科教學論文發表暨座談會，以及《國文天地》第十五卷第六期和第十六卷第一期。此次將這些有關章法教學的論文結集出書，並收入尚未發表的〈捨——談成人之美的虬髯客〉、〈異曲而同工——從時空設計的角度看崔顥〈黃鶴樓〉與李白〈登金陵鳳凰臺〉〉、〈過客之歌——徐志摩〈再別康橋〉與鄭愁予〈錯誤〉賞析〉，又補寫一篇〈深入課文的一把鑰匙〉，藉此談談自己從事章法教學多年來的感想。

所以會對新詩教學有較多的心得，則可說是「無心插柳」的結果。六年前，剛剛調至成功高中時，正好學校新詩朗誦社團——龍吟詩社欠缺指導老師，我便硬著頭皮上任了。剛開始實在茫無所措，感謝鍾怡雯博士提供意見，並開些書目，於是以「小詩」爲中心，開始了社團的教學活動。因爲要「教」，自己只好多「學」，所以對新詩的接觸就多了起來；漸漸地感覺到以前對新文藝的熱情，又再度被引發了，只不過，此時的我是以老師的身分，期待能引導出學生對新詩的欣賞與熱愛。

因此，除了社團教學之外，我也將這樣的教學創意融入日常的課堂教學中，而且獲得了令人驚喜的回應。我深深的感覺到：每個人都是嗜美的，先天都帶來了欣賞美、愛好美的因子；因此學生們對於新詩之美，不僅完全可以接受，甚至會渴望自己來創造。隨著教學年資的增長，我也一再地調整、修正自己的教學方式，並不斷地嘗試著不同的教學技巧；在這個過程中，我常常是非常快樂的。同樣的，我也將教學時的小小心得，寫成〈新詩天地的首航〉、〈我想，你一定會喜歡——高中新詩教學經驗談〉、〈試談中學生新詩習作的批改〉、〈下在我眼眸裡的雪——八十九學年度成功高中文藝新詩講評介〉等篇，分別發表在《國文天地》和《師大校友》中。此外，趁著此次出版新詩教學論集之便，又把一些值得分享的教學心得寫成文章，收錄在書中，期望能得到同好者的共鳴，這樣的篇章計有〈新詩一節課——談如何在一節課內教中學生讀新詩〉、〈飛翔實驗——談佳句的鍛鍊〉、〈一點點不同——談散文句如何轉化爲詩句〉、〈接龍遊戲——談新詩的續寫〉、〈拼圖遊戲——談組詩的寫作〉、〈翩然尋夢——從學生習作談構思的角度〉、〈新詩課後作業設計方式舉隅〉、〈新詩考題的回顧與展望〉等八篇。

原本這些篇章是要以「章法與新詩教學」爲主題，輯爲一個集子出版的。但是編輯過後，發現字數實在太多，因此索性各以「章法教學」和「新詩教學」爲重心，成爲兩本書：《深入課文的一把鑰匙》、《下在我眼眸裡的雪》；它們是各自獨立的，但是又彼此交流：章法分析可以以新詩爲對象，從事新詩教學時也須借助章法。我好像一下子多了一對雙胞胎，而且「章法教學」是男孩，「新詩教學」是女孩；捧讀這兩本書，我的心裡也彷彿充滿了母親般的欣悅與滿足。

在欣悅與滿足之餘，還有著深深的感謝。感謝有機會一直進修，才能以日新又新的面貌面對學生；感謝在我身旁，時時鼓勵我、鞭策我的師友們；甚至感謝在課堂上，亮著眼睛專注聽課的學生們，因為感受到他們的回應，才會有不懈的熱情投注在教學上。最後，要向萬卷樓圖書有限公司總經理梁錦興先生，和編輯李冀燕小姐致上誠懇的謝意，沒有他們的大力幫助，本書是不可能在最短的時間內和讀者見面的。不過，由於筆者識見有限，疏漏之處在所難免，盼望　博雅君子不吝指正。

仇小屏　民國九十年一月，序於南港

新詩天地的首航

開學初，甫踏入教室，面對全班近五十張聰敏的臉龐，心中除了喜悅之外，還有更多的期許。但是每星期五堂國文課，一冊國文課本、一冊文化基本教材，時間如此迫蹙，升學的壓力無所不在，許多學生又對國文課存有僵硬沈悶的刻板印象……，雖然有這麼多的不利因素，可是，我還是真心地期盼，能在不影響正常教學的情況下，多給他們一些，讓他們可以很自在地涵泳在文學的天地中，真正地體會到文學的美是如何地與自己的心靈起著美好的共振。

爲什麼不教他們學詩呢？十幾歲的年齡，生命的姿態正如新抽的嫩芽，所有的毛細孔都大大張開，敏感得可以領受一絲微風的吹拂、一滴細雨的霑潤。教他們學詩，引領他們去感知詩中特有的和諧的節奏、奇麗的想像、精緻的象徵；引領他們去開發心中潛藏的、對於美的感受力與創造力，這是一件多麼美好的事！

一、欣賞篇

理想要紮根於現實方能開花結果。審視當前教學的條件與限制後，我決定以「小詩」（十行以內）作爲打開新詩天地的敲門磚。因爲小詩篇幅短，不論是抄錄或講授都較爲簡易，所費時間不多；而且小詩中所描繪者多爲剎那間的感興，正值青澀年齡的學生們人生閱歷不多，但感觸極爲敏銳，最容易與之發生共鳴。所以開學的第一週，我就與學生們約定好：每逢兩堂連續的國文課時，我便於第一堂的下課時間，在黑板上抄好一首新詩，第二堂上課時加以講解，這就是我們的「每週一詩」的活動。之後我就開始費心地策畫每週的教學內容，期望這短短的小詩，能如同一枚美麗的驚嘆號般，投入學生的心田，掀起一些波瀾。

眉／商禽

祇有翅翼
而無身軀的鳥
在哭與笑之間

不斷飛翔

這通常是我教給學生的第一首詩；我先將題目隱去，引導學生從詩句中所描述的形象，去猜測詩人所指的是人身五官中的那一種？聰穎的學生不多時即已猜出答案，課堂中的討論聲、歡呼聲響成一片；此時，還可進一步地與學生共同思索：在眉的形象之外，詩人還隱喻了什麼？整個過程大約只須五分鐘，但已讓學生初次領略到小詩的精緻雋美。另外，覃子豪的〈貝殼〉、鍾順文的〈山〉、紀弦的〈戀人之目〉，以及羅智成的〈觀音〉，也都是藉有形的外物，蘊蓄無窮的深意（情）；尤其是〈觀音〉的末二句：「我偷偷到她髮下垂釣／每顆遠方的星上都大雪紛飛」，向來號稱難解，但學生有時能提出新見地，令我驚喜不置。而且高中生對愛情總有著美麗的憧憬，所以有幾首情詩中的經典之作，我是必然會介紹給他們的：如許悔之的〈絕版〉、林泠的〈微悟〉，和張健〈畫中的霧季〉。

可是學生不能只沈浸在小我的世界中，所以我也配合時事來改變教學內容，譬如車臣爆發內戰時，就讀一首洛夫的〈沙包刑場〉：

俯耳地面
一顆顆頭顱從沙包上走了下來

隱聞地球的另一面有人在唱
自悼之輓歌
浮貼在木樁上的那張告示隨風而去
一付好看的臉
自鏡中消失

適逢二二八紀念日，我們以林亨泰〈溶化的風景〉表達深切的哀悼之情：

即使暴雨驟降的日子也
無法立刻淋濕，
然而一眼望去全是發亮的綠
為什麼這麼快就濕透了？
走了五六步
再回頭看

全部的景色
早被眼淚溶化了……

詩的音節也是形成美感的一大要素，羅青的〈道〉即爲佳例：

「你的愛情像椅子
誰都可以隨意坐」

他對她對祂對　他　對她……
如是說道唱道罵道嘆道笑道講
道

學生們分別以不同的節奏來朗誦該詩，而這首詩也很神奇地產生了不同的韻味。

小詩原本就是晶瑩剔透，但還有更簡煉精美的「一行詩」，譬如：

林亨泰〈黃昏〉：「蚊子們在香蕉林中　騷擾著」

商禽〈茶〉：「用山水把風景煮出來」

張春榮〈吊橋心事〉：「我要翻身，看看一直躲在我背後清唱的溪水最近是否消瘦」

周夢蝶〈牽牛花〉：「好一團波濤洶湧大合唱的紫色」

這些短短的詩句，就像小小的鑽石般散發著光輝，令人愛不忍釋。除此之外，還有許多小詩都膾炙人口，如夏宇〈甜蜜的復仇〉寫暗戀的心事，梅新〈中國的位置〉引人深思中國的位置何在？瘂弦的〈狼〉酷味十足，泰戈爾〈漂鳥集〉諸詩清新雋永……，只要能捕捉住各首詩的特色，學生們都會有意想不到的收穫。

這樣一週介紹一首小詩，一個學年下來，至少可以帶領學生欣賞四十首以上的詩篇，他們對於新詩的認識，也算是有點基礎了。而且，在日常教學的過程中，也常常可以找到一些機會，爲他們補充一、兩首詩，就當作是美麗的點綴。譬如在考卷的空白處，我會剪貼一些合適的詩篇，特別是圖象詩，因爲不易用板書表達，所以用這種方式最適合了，學生就這樣才欣賞到詹冰的〈雨〉和林亨泰的〈風景NO.2〉。另外還有一種更好的方法，那就是配合課文來介紹相關的詩篇，舉例來說：高一國文有一課是李白的〈長干行〉，關於李白的事蹟，其實同學多已耳熟能詳，因此我只依據課本的「作者」欄大略帶過，而將時間花在補充資料上，我替學生補充了余光中著名的李白三部曲——〈戲李白〉、〈尋李白〉、〈念李白〉，並請同學即席朗誦，李白的豪情與蕭灑，就在串串琅琅的詩句中，呼之欲出。同時，我還找出洛夫的〈李白傳奇〉，並針對這首詩提出數個問題，製成課後作業，請學生利用春假完成。如此一來，學生不僅對李白的印象更加深刻，而且也多欣賞了幾首好詩。高一國文還收錄了徐志摩的〈翡冷翠山居閒話〉，徐志摩是新月派健將，我選了他的三首代表作：〈我不知道風在往那個方向吹〉、〈偶然〉、〈再別康橋〉，與他浪漫曲折的愛情故事配合起來講授，真有蕩氣迴腸的效果；有一次，一名學生更站起來清唱一曲，贏得滿堂喝采。不只作者部分可以與新詩結合，課文本身可發揮處更多；就以〈長干行〉而言，我便選了同爲抒寫閨怨的名篇——鄭愁予的〈錯誤〉和向陽的〈閨怨十行——未歸〉，供學生作一比較。講到《世說新語選》中謝道韞詠雪的部分，我趁便介紹了洛夫的〈雪〉和彩羽〈冷的方程式〉。而《莊子．濠梁之辯》也經由洛夫之手，重新詮釋爲〈魚的系列——相忘於江湖〉。此外，課文中也曾提到「尾生」的典故，洛夫的〈愛的辯證〉（一題二式）便是絕佳的補充教材……。諸如此類的例子俯拾即是，如何運用，就端看教師的巧思了。

二、創作篇

當學生對新詩的鑑賞能力稍具火候之時，便不能滿足於只作個純欣賞的旁觀者了。赫塞說：「寫一首壞詩的樂趣甚於讀一首好詩」，人人都有詩心，人人都可以成爲詩人。所以從下學期開始，我便有計畫地逐步訓練學生寫詩。在這個時候，碰到的第一個難題是：學生寫慣了散文，習於邏輯性的思考和上串下接的文句，對於詩歌跳躍式的聯想，與看似「藕斷」、實則「絲連」的句式，不太能夠適應；所以長久以來的散文寫作訓練，此刻反而成了一個框子，框住了他們的創造力。如何打破這個框框呢？有一個方法很值得一試。白靈的《一首詩的誕生》中，有專章介紹「比喻的遊戲」，首先他提供一個分為A、B、C三欄的表格，這三欄中各有十餘個至數十個不等的名詞，這些名詞可以任意組合（AA、AB、BC、CA……）成「××的××」的格式，雖然組合出來的結果，並不合於我們日常的思考邏輯，但卻往往有意想不到的效果。我先指導學生熟悉遊戲規則，並帶領他們看一些佳例；接下來便是最精采的部分了——讓他們自由發揮聯想力，來創造新的組合，然後我再請學生們上台寫下各自所造的句子。全班都很興奮，紛紛自告奮勇；有些句子一寫出來，全班登時笑聲震天，但也有些句子引得師生一起嘖嘖稱賞。在這樣的過程中，不知不覺地，學生似乎也領略了該如何放開轡繩，讓自己的聯想力自由馳騁。之後，我要求學生以這名詞的組合為基礎，再將之發展為完整的詩句，並寫在作文簿上，於下課前繳交。一拿到收齊的作文簿，我便迫不及待地驗收成果，事實證明：學生個個都是小詩人，好些句子非常亮眼，我在評閱的過程中驚喜連連。完成評閱之後，便擇日舉行成果展。我先請學生將我挑出的詩句打成一張，影印給全班一同欣賞，有些句子稍加改易會更好，我也一一地告訴學生。其中的一些佳例如下：

日子的臉困在七情六慾的黑夜裡（彭偉峯）
滿點的星空是失眠者的夢（蔣懷德）
死亡的漣漪盛開在／繁華的黑夜（吳昀東）
走索者的倒影在風中搖晃著（陳育聖）
醒不來的彩翼們，在透明的棺木中，靜靜地被憑弔著（葉政果）
夢遊在醒不來的蒼穹（洪英傑）
把枯萎的日子釘在棺材裡（鄭志宇）
總統府被萬人橫躺攻陷了（杜威志）
我撐著時間的傘／穿梭在拱門的城裡（賴琦瑋）
衝浪的車在燃燒的街道上繪畫著黑暗（李定剛）
士兵的憤怒任意出入敵人的軀體，爆出一片鮮紅（江京諭）
失眠的夜盛開於燈蕊（邱煜偉）
童年是一座房子／裝滿了小孩快樂的笑聲（張智凱）
孤獨的枕頭蜷縮在牀的一角（陸彥行）
熱鬧的夢，在黑暗中的燭火尖上燃燒著，牽引著一對對孤獨的眼睛（黃威力）
雨是天空和大地的邂逅（陳義正）

跳繩的童年風乾在記憶裡，猶栩栩如生（蔡尚志）

有些句子加上一個題目，便成爲一首精緻小詩，譬如：

夢裡盛開的笑聲／腳下，醒不來的黑夜（陳弘偉）

我替它定名爲〈墳場〉。又如：

日子的臉／無情的時間／一點一滴地枯萎（鄭有誠）

所抒寫的不就是「傷逝」嗎？

數週之後，我向學生宣布：我們要寫詩了。但在下筆之前，有兩個規定，請學生一定要注意：首先，初學者最容易犯的毛病是繁冗蕪雜、不夠精煉，所以我嚴格要求全詩須在十句之內，寫好之後要一再刪裁，就算最後只剩十餘字也無妨。其次是學生受流行歌詞的負面影響頗深，所以尤其要避免無謂的排比、累贅的重章和灑狗血式的情感宣洩。重點提醒之後，我便寫下題目：〈喜悅〉或〈流水〉，這兩個題目的發揮空間都很大，我請學生在一堂課之內完成，逾時不收。這次的成果更爲豐碩，我委實驚異於這些精力充沛的男孩們，在看似粗疏的外表下，竟隱藏著這般細膩的心思。同樣地，我也舉行了成果展，有幾首詩頗耐人尋味：

以〈喜悅〉爲題者

我用那長形的照相機
把她的微笑架了起來
扛回去欣賞（施柏仰）

「她的微笑」原作「景物」，改過之後顯得更生動有味。

就是在星期天的午後
伴著電風扇的歌聲
到夢的池塘
撈取蝌蚪（江存孝）

末句原作「拾取貝殼」，但「撈取蝌蚪」更能貼近全詩質樸純真的情味。

心頭開始強烈的振盪，

血液如開水一般的滾燙，
眼中射出自豪的光芒，
嘴中忍不住地想要大聲歌唱。
為什麼會這樣？
為什麼會這樣？（吳華恩）

這首詩的特別之處在於全詩押清亮的「ㄤ」韻，在心中默誦時，真會覺得喜悅之感漸次湧出。原詩末尚有二句「這一切的一切，都是因爲心中的喜悅」。太過顯露，而且也拖垮了全詩的節奏，刪去爲宜。

枯萎的玫瑰
現今又活了起來
只為早已飛去的鳥兒
如今又回到她的身邊（向榮）

這首詩有著幽雅浪漫的韻味，原本最前面尚有二句「跳動的水珠自深潭裡溢出／流過臉上的淺窪」，是描寫喜極而泣的情景，但是不夠精緻，所以也刪掉了。

一滴晶瑩的淚珠流過他上揚的嘴角，
國旗沿著人們的睫毛緩升，
他們終於可以落地生根了。（江京諭）

第二句相當漂亮。

是上弦月彎彎地掛在臉上
是圓圓的微渦在臉頰旁
是數不清的麻雀在心房裡跳動（林世祺）

連用三個形式相似的句子，營造出層次感；末句更是神來之筆，相當成功地捕捉了「喜悅」的況味。原本在二、三句之間還夾有「它是真情的流露／也是讓人與人之間距離縮短的工具」，突來兩句說理，顯得不倫不類，最好刪掉。

她給我一顆種子
是會開花的
我把它種在心田裡
像慈母般地用心照顧

幾天來的陰雨
我開始擔憂
她說太陽出來才告訴我
種子到底發不發芽（林璽揚）

作者用單純的句子抒寫心中所思，末二句造成懸宕的效果，頗能道出年少青澀的情懷。不過題目易爲〈期待〉似乎更好。

他是個畫家，
住在你的心裡，
當他感覺到
妳的心有不同以往的搖動，
他便在妳的臉上
畫滿他的自畫像。（鄭志宇）

這是相當特別的一首情詩，末二句十分形象化，極爲傳神。我將它易名爲〈畫家〉。

以〈流水〉爲題者

想家的小水滴，
成羣結隊，
迫不及待地，
趕回家鄉。（尤世慶）

有童詩般純真可喜的情味。

灰色的天空下，
沙河中滾石奔騰著。
灰色的心裡，
記憶的海激起一波波漣漪；
沈積已久的畫面再三浮現，
在心中盪漾……
時間的河，
正帶走生命的一點一滴……（王義傑）

作者精心營造出幽微渺遠的情境，相當懾人。令我在掩卷之後，猶低迴再三。

讓癡情的落花，
卸下了艷貌。（林哲宇）

短短二句，饒富哲思。

水滴不停地推擠著，
不知何時
才能從這痛苦的遊戲掙脫……（徐銘鋒）

作者別具心眼地詮釋流水奔騰的情狀，引人深思。原詩在最前面尚有一句「橫亙在地上的瀑布」，也是刪去較佳。

像一條條的蚯蚓，
參差不齊的在空白上，
永不停止地蠕動。（馬樹翊）

這是多麼生動強烈的畫面！原本在全詩之前有「在畫家的眼裡，流水」，刪去之後，顯得精煉多了。

如時間的液化，
在莫名的空間裡遊盪，
等待的
只是失去的四季。（周浩昌）

全詩流漾著淡淡的哲思，十分有味。

多惱河畔的城堡
傳說是時光的家
多少個世紀
水波泛著金光
水聲彈奏著那第七樂章

如今
它是時空的長老
靜靜的——在這（黃振恭）

這首詩起得相當好，既有詩意，又留下很大的空間；全首詩也瀰漫著幽邈的情調。在第三句後，原本有「帶走了多少對愛情的戀人／伴隨著多少思念和牽掛」，但是稍嫌顯露，刪去之較有餘味。

巨人的鮮血發怒了，
覆蓋了表皮，
喂！來點血小板吧！（李家明）

這首詩相當可愛，有俏皮的想像力。不過題目易為〈洪水〉似乎更適切。

山神手上的永不癒合的傷口（王永信）

這首詩前面原本有一句「蠶絲般的鑽石」，但「傷口」之喻太搶眼了，有必要將它獨立為一首詩；而且題目最好改為〈泉水〉。

凝望烽火台上的影子，
驚雷一般的，
石頭、葉子都靜止了，
掉入微波中的星星，

帶走了孤獨人的夢。（吳昀東）

作者的心思極爲敏銳纖細，擅於營造氣氛；這種幽微的情調，實在太令人著迷了。唯四句之「微波」原作「水波」，與題目重出；且接著一句「流水無情」，破壞氣氛，都宜改寫。

自盤古開天起
就不曾佇足過
管他物換星移
人事皆非
我並非無情
而是在數萬個月圓刻畫下
麻木不仁
我達達的馬蹄未曾停止
只為尋找那虛設的港口（王鴻哲）

此詩的時空拓展得極爲遼闊，且能化用前人的詩句，而無牽强的弊病，作者的才情不容小視。

年華似滄滄水流

我是浮沈中的舟
水載著我
流向傳說

妳好似滄滄水流
我是岸邊的花朵
水已流走
花不再榮

流不盡的水悠悠
悠悠的流水似我
悠悠的回憶太沈重
水再也不想流（黃曦緡）

此詩婉轉流利，作者寫來輕鬆自如，而節奏、情韻皆臻圓熟，恍然有波光盪漾之感，真讓我不敢相信這是一個高一學生的處女作品，堪稱爲壓卷之作。

很顯然地，學生作品是帶著澀味的，就如同一枚未熟透的果子；但預測它成熟後的甜度，卻是一件快樂的事。他們像一艘船，舵已架好、帆已撐開，無限的航程正等著他們。

三、結語

所有的這些活動是在上課時間內完成的，我非常注意新詩教學不能妨礙了正規教學的進行；而且我也意外地發現：此次大學聯考中有一篇閱讀測驗是馮至的新詩〈蛇〉，佔分四分，這登時又讓我理直氣壯了幾分：看吧！新詩在聯考中也是佔有一席之地的。不過，最讓我開心的是，有學生在週記中寫起了新詩，與我分享他的祕密；也有學生會到書店中翻找詩集；還有一次，一名學生對我說：「老師，妳教的詩，我都在公車上看到過，妳都喜歡抄公車詩」。我只是笑，沒有說話。他們已經懂得在日常周遭搜尋詩的蹤迹，這是不是意味著：他們也開始去發現生活中所潛藏著的美感呢？

我想，你一定會喜歡

——高中新詩教學經驗談

一

在高中執教已經三年了，隨著教學技巧的日益熟練，我也有較多餘裕去思考：如何在教學中創造更多的可能。我總是深信著：每個學生都擁有無限的潛能，老師正是最好的開發者；而導引學生逐步發展自己，真是教學過程中最令人開心的事了。

盱衡一下目前的教學環境，卻發現了一些令人洩氣的事。這一批Y世代的學生們，尤其是男孩子，在漫畫、電腦、電視、電動……的環繞下長大，對於白紙黑字的文學作品，向來是敬而遠之。學校所安排的國文課程，對很多學生而言，其最大意義只在應付聯考而已。更慘的是，我看了學校對剛入學的新生所作的調查，在「最不喜歡的科目」一欄中，「國文」科居然是最受「青睞」的。

我忍不住回想起自己的青少年時代，那時的物資較不豐裕，娛樂也少，但我在文學天地中獲得了多少的快樂啊！一卷在手，渾然忘我，難道這樣的樂趣，現代的孩子都感受不到了嗎？那是生命中多大的損失啊！而現在，正是填補這塊空白的時候了。

我決定教他們讀詩，而且是讀新詩，特別是新詩中的小詩。

這樣的抉擇是有原因的。畢竟正規的國文教學不可偏廢，但課程緊湊，時間有限，要在最短的時間內給他們最多刺激，篇幅短小的小詩是最適當的了；而且青少年的感觸敏銳，不僅特別能體會詩中的意象、情感，同時也可以訓練他們去思、去感，並發而爲詩，享受到創作過程中無與倫比的快樂。

我相信，他們一定會喜歡的。

二

其實很多學生從未接觸過課本之外的新詩，就算偶而讀過一、兩首，也多未能領會其中的意涵，甚至會認爲艱澀難懂、不知所云。所以引導學生認識新詩時，「由淺入深」，再加上「逐句解釋」是很重要的。

我的做法是在每週一次、兩堂連續的國文課時，利用第一堂的下課抄一首新詩在黑板上；第二堂一上課就加以講解，所花費的時間不過幾分鐘而已，不致影響正常教學的進行，但是效果非常好。譬如我曾抄錄一首鍾順文的〈山〉：

憨直的傻小子
幾度落髮
幾度還俗

這首詩言簡意賅，涵義深長，但並不晦澀。我當時將題目空了出來，要學生猜上一猜。學生剛開始茫無頭緒，但稍加引導，將範圍逐漸縮小後，終於有同學猜出來了，此時，猜對的學生眉開眼笑、樂不可支，其他的學生也有謎底揭曉的恍然感。趁這個時候，指引他們深思詩中的言外之意，學生便能毫不費力地領略出。

新詩常利用精鍊的意象傳達豐富的情感，所以知道如何去解讀詩中的意象，就等於握有一把開啓新詩天地的鑰匙。林泠有一首很美的情詩〈微悟〉：

在你的胸臆，蒙地卡羅的夜啊
我愛的那人正烤著火

他拾來的松枝不夠燃燒 蒙地卡羅的夜
他要去了我的髮
我的脊骨……

最末二句的「髮」和「脊骨」在詩中具有關鍵性的地位，這到底意喻著什麼呢？我先帶學生看「脊骨」這個意象，說明脊骨是人身中很重要的一部分，沒了脊骨，生命也就消逝了，所以脊骨應是指生命。那麼「髮」又是指什麼呢？學生一陣亂猜，突然有人冒出一句：「指貞操」，全班大笑，我只好假裝沒聽見。不久之後，終於有學生答出了：「青春」，並解釋道：烏黑美麗柔長的髮是年輕女子特有的，因此可以象徵青春。

又有一次，我帶他們讀瘂弦的〈寂寞〉：

一隊隊的書籍們
從書齋裡跳出來
抖一抖身上的灰塵
自己吟哦給自己聽起來了

同樣地我也沒有標識出題目，但我點到的第一個學生，便講出了這首詩是在抒寫寂寞，令我大感驚訝，這個學生從此有了「國文小天才」的外號。不只如此，我還領著他們思考：自己可以怎樣來表達寂寞呢？學生紛紛地說：「舞會中人影雙雙對對，自己卻是孤獨的一個人。」、「晚上點著一盞燈，一個人看書。」……，我對他們說：把這些想法化爲文字，盡量精緻些，便是一首詩了。

年輕孩子對愛情總是充滿憧憬，在五月的時候，我爲他們寫了張健的〈畫中的霧季〉：

我在你的影子裡悄悄的簽個名
就成了一幅畫
掛在我左邊的心室裡
每當教堂的鐘聲響起
壁上便傳出你的吟哦
好像說：多悠長的一日呵
我走入畫裡

為你默念哲人的話語
縷縷微笑溢出
五月遂成了霧季……

這首詩優雅極了，我們一起品味詩中雋永的情意，我並對學生們說：這是我最喜歡的情詩。學生們馬上問爲什麼？是不是曾經有人將這首詩送給我？我很遺憾地搖頭，他們立刻說：老師，沒關係，我們全班每人送你一首。那一刻，真不知有多感動。

除了板書之外，我也常在補充資料的空白處剪貼一些詩，利用零碎時間講解，使得上課內容更多變。配合課文內容講詩也是很好的方法，既讓他們多讀了一些詩，也更深入課文，真可謂一舉兩得。值得一提的是，在從事新詩教學時，有兩本書很值得參考：張默的《小詩選讀》（爾雅出版），和白靈的《一首詩的誕生》（九歌出版），前者提供許多精采的詩例，後者則列出了許多鍛鍊詩句的方法。

在教詩的時候，我總是快樂的，希望學生也是如此。

三

一旦學生對新詩的喜愛被挑起之後，他們也會很想親身試試文字的魔力，但是一開始往往不知從何著手，以至於寫出像流行歌詞般，既不精鍊又情感氾濫的作品。所以，訓練他們寫新詩的第一步，就是教他們如何使文句精緻化。

在一次作文課上，我參考現有的題庫（賴慶雄、楊慧文編著《作文新題型》），出了一道頗特別的作文題：

一個乞丐在紐約街頭行乞，路人行色匆匆，沒有一個人注意到瞎眼的他。此時，一個詩人停下了。詩人說：「我也沒有錢，但是我可以給你別的東西。」於是拿起筆來，在乞丐行乞的牌子上留下了一段話。那天，乞丐得到了所有人的同情與施捨。後來，乞丐又遇到了那位詩人，問他：「你到底給了我什麼？」詩人到底給了他什麼？請用十五字以內的篇幅，將那段話寫出來。

學生看到了題目後，抓耳撓腮了半天，直呼：「好難！」但是腦力激盪之後，還是紛紛將答案交了出來。有些同學很顯然地未抓住要領，因而寫出：「雙目失明，流離失所，無依無靠……」之類乏味的哀告式文字；但也有些同學別具慧心，造出撞擊人心的佳句。現摘錄如下：

在一刻刻寒冷的暗夜裡，好想見光。（李永明）

沒有太陽的世界，你能體會嗎？（鄭志宇）

您小小的舉動，決定了我落腳的方向。（王肇廷）

光明的世界充滿希望，失明的我希望……（童敬凱）

上帝與他勇氣，請你送給他你的愛心。（簡宏諠）

我看不見世界，只願世界能看得見我。（周浩昌）

雖然我看不見你，但是我謝謝你。（邱偉豪）

請點燃我生命中的燭光。（曹舜賢）

我看不見你，但是我看見了你的愛心。（陳冠宇）

看著我的眼，就像我的人生如此灰暗。（彭偉峯）

上帝創造人類，人類幫助人類。（潘彥儒）

我想向你說聲謝謝。（林致遠）

施捨如光，給了我黑暗中生存的希望。（洪煜鈞）

我用心看世界。（孫德斌）

我相信我所看不見的世界是光明的。（涂威任）

是不是很動人呢？也有一些頑皮的學生不按牌理出牌，寫下了這樣的句子：

不給錢就搗蛋。（王友正）

××慈善基金會街頭募款義演。（張森圳）

沒有同情心，小心瞪你喔！（鄭彬男）

這也很好玩吧！

其實樣的訓練像遊戲一樣，而且我在評閱之後，會將佳句打印成一張，發給每位同學欣賞，雀屏中選的同學笑逐顏開，不慎落選的同學也是摩拳擦掌。不久之後，適逢學校舉辦舞會，於是我利用上課空檔，出了一個很簡單的題目——〈邀舞〉，同樣也是造一個十五字以內的句子。在他們落筆之前，我先醞釀氣氛，要他們想像：在朦朧的光線中，醉人的音樂裡，可愛的女孩就在眼前，無限的愛慕在胸中發酵，好想與她共舞一曲，此時，要說些什麼才能打動她的心呢？學生聽到這裡，開始起鬨：「老師！為什麼要出這樣的題目？」「一定是以前都沒有人向老師邀舞。」

「有啦！他們都向老師說——借過。」我叫他們閉嘴，專心造句。學生開始認真地想，有的托著下巴想，有的咬著筆頭想，有的在嘴角微笑，有的眼中散發出陶醉的光芒。我在一旁看著，也在一旁偷偷的笑著。

看完他們交出的作品之後，我發覺有些同學真的很熱情，造出「亂噁心一把」的句子；也有些同學木頭木腦地不解風情；但有幾位同學寫得浪漫極了：

玫瑰啊！可否為我蛻變為飛舞的蝴蝶？（陳宏銘）

喜悅，從你點頭後開始。（陳育聖）

請成為我的旋律中最美的音符。（吳柏毅）

給我幾分鐘，讓我能一直看著你的眼。（游子毅）

你給我一首歌，我給你永遠的回憶。（謝鎧駿）

魔鏡說，今天有白雪公主做我的舞伴。（林致遠）

不知是否能天長地久，只希望曾經共同擁有。（黃立德）

在這熱情的夜裡，你是我唯一的選擇。（張耿耀）

借隻手，一起分享愛的旋律吧！（徐世昌）

我的目光一直離不開你，伸出你的手吧！（黃仲尹）

我想，有哪個女孩能拒絕這樣的邀請呢？

四

在學期將結束的時候，我們要寫詩了。我先對他們公佈四個原則：「十句以內」、「避免無謂的重章和排比」、「盡量精簡字句」、「不要太過濫情」。這些都是針對初寫詩者所容易犯的錯誤而做的規定。然後，我對兩個班級分別出了兩個不同的題目：〈魚〉或〈追〉、〈髮〉或〈躍〉；再給他們一節課的時間，讓他們擇一創作。

完成評閱之後，我很開心地再次確定：每個人都有潛藏的詩心，都可以成爲詩人。學生的作品免不了青澀的稚氣，但也是這股清新的氣息非常吸引人；他們有新鮮的想像，自然的詩句，以及純真的情感，這讓他們的詩作充滿生命。我們可以透過他們的少年之眼，發現一個我們早已遺忘的世界。

〈魚〉

在失重的內太空裡，
前後左右上下，
無限自由——只除了一件最難忍受的
每抬起頭往上看，
總見自己的身影在那片哈哈鏡中，
扭曲翻轉，
無法掙脫。（張俊彥）

一道流星
劃過浮動的藍天（蔡濬吉）

前一首想像奇特，抒感深刻，令人深思「我」的處境。而後一首則好像一幅鮮明的寫景畫。

〈追〉

四十五億年了
日日夜夜

分分秒秒
太陽癡心苦尋月兒
翻山越嶺
超洋渡海
思思慕慕
何時能了
難道
又是一個四十五億年（王肇廷）

你追求白雲，
卻成了最不實際的收藏家；
我追求草木，
卻得到最珍貴的寶物。
你追尋風聲，
卻成了兩手空空的旅人；
我追尋泥土，

卻得以就地生根。
你追逐太陽，
卻成了夸父；
我追上了時間，
卻換取永恆。（許耕敏）

停不下來的鐘擺
左右了時間的流逝
望著無止境的長廊
拼命的跑
惶恐的尋
焦急的追
我得到了什麼
驀然回首
留下
一片惘然（楊凱智）

誰泛起心中漣漪
讓我如癡如狂的追尋
縱使——
千萬層的阻隔
尋覓著
我仍如萬古的夸父（周鴻杰）

超過一個人，
我的心多跳一下。
當眼前一望無盡，
分不清南北、是非。
我竟希望有顆北極星……（李家明）

不能輸的使命，
化作一條繩子，
綁住了我，

我不得不動。（徐銘峯）

盤古開天闢地之時，
一場耐久的馬拉松，
早已開始……
時光從眼前奔馳而去，
但人類永遠也衝不斷那
時間的急流；
就如同太陽和月亮之間的追逐戰，
永無止息……（陳政愷）

雲化成了雨
追著落下的雨
我化成了影
追著他的背影（鄭志宇）

對自己的太陽，
發出怒吼；
驅靈魂跨過影子，
我是不敗的夸父。（李永名）

王肇廷一首巧妙地將日升月落的自然現象，解釋爲亙古以來的浪漫戀情。許耕敏一首利用兩兩對比的方式，使內涵更加深刻。楊凱智一首營造出耐人尋味的情境，頗值「忙、盲、茫」的現代人深思。周鴻杰一首描述了一個執著的深情男子。李家明一首深刻的刻畫出在競爭中失落自己的人。徐銘鋒一首篇幅雖短，但卻道盡了現代人的無奈與掙扎。陳政愷一首氣魄宏大，頗有夸父的精神。鄭志宇一首浪漫巧妙，極具匠心。李永明一首則儼然是一幅銳氣少年的自畫像。

〈髮〉

風吹過你的髮
你的髮被風吹過
被風吹過的你的髮

你被風吹過的髮
亂了（潘彥儒）

清風把煩惱吹向腦後
揮手把煩惱順著風
也希望把煩惱送走
隨著風　慢慢飄
飄到你的手心
纏繞著煩惱的髮（簡宏誼）

夢中
你柔順的髮　依舊
隨風飄進你的心房
我伸手去抓
卻抓滿一手的
失望（許釗銘）

一抹烏黑溜過耳畔
因風盪起了起伏的波浪
願將我的靈魂在此深沈
直到永遠（涂威任）

拾起枕頭上思念的長髮，
纏繞無限漫長的愁緒，
如此　堅韌而脆弱，
隱隱約約在空氣中盤旋飛舞，
是你在風中的笑容，
熟悉而陌生的眼眸，
輕輕柔柔，
伸手抓去，
卻又從指尖滑落。（王友正）

初次見到你的髮
隨著風翩翩起舞
這匆匆的一瞥
卻深深的烙印我心
我的心思被你的髮緊纏著
無法自拔
但你的髮卻像流水般
柔柔地從我指縫滑過（陳信穎）

在出這個題目的時候，原本也預料到學生的描述焦點會集中在女生的長髮上，結果果真如此。只有簡宏誼的不是，但也藉著髮絲傳達愛情的煩惱。不過，題材雖然類似，巧妙卻各有不同。潘彥儒一首的末句「亂了」，真是神來之筆，到底是髮亂了？還是心亂了？許釗銘的「髮」，看似柔順，實則難以捉摸，帶給作者無限的煩惱。涂威任所描述的波浪起伏的長髮，直如夢境般令人沈醉。王友正則以髮絲聯繫起飄忽不定的女孩身影，形象的掌握十分成功。陳信穎詩中的「髮」，既是實體，也是戀情的象徵，兩者的綰合十分緊密而貼切。

〈躍〉

青蛙在水上躍出了一道長虹
羚羊輕盈的躍上了山崗，
音樂家的生命在音符間躍著，
心　也躍了起來。（謝沛峯）

羣豆靜躺在火口湖底
啪啦　一聲巨響
水面逐漸浮躁
心中有一股向上的衝動
那就躍吧（黃盈華）

蜷伏著
在現實的刀口下
人類努力向前

躍（呂紹亦）

當山光躍入湖面
當海浪躍上沙灘
我對生命的熱愛
在心中跳躍（譚同宇）

空氣停止了跳動
時間也放慢了腳步
一瞬間——
奮力釋放（周浩昌）

謝沛峯連用三個詩句、三個意象，成功地突顯出末句「心 也躍了起來」。黃盈華的「躍」氣氛醞釀足，寫來極有精神。呂紹亦對「躍」的解釋十分引人深思；且全詩雖短，卻頗有銳意。譚同宇則將此詩處理爲對生命的頌讚。周浩昌以對比方式，將「躍」寫得活跳跳的，生動極了。

五

在真正從事新詩教學之前，我很難預測同學們的反應；而在剛開始教學生新詩時，一些同學冷漠的表現也確實使我有點畏怯；但進入情況之後，我卻發現生活中多了許多驚喜。一個大男孩捧讀自己的詩篇時，那副沾沾自喜的表情，令我莞爾；翻閱班上的留言簿，發現上面多了一首詩、一幅插畫，我不禁微笑；更別提他們熱切地舉手，嚷著說：「老師，我知道……」。

我真的相信，你一定會喜歡的。

新詩一節課

——談如何在一節課內教中學生讀新詩

新詩是現代文學中相當重要的一支，但長期以來，我們的新文藝教學都偏重在白話散文上，新詩在有意無意間被忽略了，這是相當可惜的事。而且，新詩比起白話散文來，更需要老師的引導，學生才比較容易熟悉新詩的語言，進而初窺新詩的殿堂。

在學期中的時候，學校校刊社的同學來向我情商，希望我能爲他們上一節社課，內容鎖定在新詩的賞析上。我答應了，也做了準備，去爲他們上了一節課。在這節課中，我舉例時以「小詩」爲主，先替他們分析了新詩與散文的主要區別何在？以及賞析新詩的幾個重要的角度；並且極力地鼓勵他們嘗試創作新詩，因爲，寫詩的人是快樂的。

其實，像這樣的課程，不僅可以在社團中實施，也同樣地可以適用於一般的班級教學。只要一節課的時間，就可以在學生的心田中灑下新詩的種子，可以期待它的發芽、成長與茁壯，這真是教學過程中一件非常喜悅的事。

一、新詩與散文的主要區別

我們常說「散文如走路，詩如舞蹈」、「散文像白開水，詩像醇酒」，到底新詩與散文的主要區別在哪裡呢？大致說來，新詩是最精練的語言，而且常以具體的形象傳達抽象的情思。

(一)精練的語言

我們常以「用一個字可以表達的，絕不用兩個字」、「用這個字最好，絕不用另外一個字」的標準來衡量新詩的語言，所以新詩的語言是最精練的；而要明瞭這一點，只要做個比較，就可以立見真章了。

散文	新詩
一邊煮茶、品茶，一邊欣賞風景	用山水把風景煮出來（商禽〈茶〉）
許多蒼蠅貪婪地吸吮著地上一灘即將乾掉的血漬	一滴血漬仍在掙扎，在蒼蠅緊吸不放的嘴下（白芸〈叫喊〉）

當然，上面表格中的散文並非「好」的散文，但至少是我們通認的散文的語言；將它與「新詩」兩兩相較，我們會立刻發現新詩詩句的生動、醒目與精采。

㈡形象化的思維

我們心中的情與理是抽象的，必須藉助具體的形象才能易於傳達。舉例來說：我們讚嘆：「她的笑容好美！」還不如用一句：「她笑起來像一朵玫瑰花突然開放！」這樣更能表達出我們心中的欣悅。而新詩的篇幅比起散文來，通常要短小得多，更需要以這樣具體的形象來傳達篇外的不盡之意，所以新詩在這方面的表現可說是箇中好手，精采的詩例不勝枚舉：

寂寞／瘂弦

一隊隊的書籍們
從書齋裡跳出來
抖一抖身上的灰塵
自己吟哦給自己聽起來了

「寂寞」原本是一種縹緲的、不易捉摸的情緒，但是詩人創造了一個鮮活的場景——黑夜中，久未經人翻閱而沾滿灰塵的書籍，竟然自己吟哦給自己聽起來了；所以，在此時，就連「寂寞」也是活跳跳的。

桑花／楊子澗

仰首
偶然望見桑花
靜靜
爆裂
飄墮的花絮
恰似我沈鬱的心事
緩緩
散佈在如水的
夜空
茫無涯岸

明早，落英滿地
而無桑果

張默在《小詩選讀》中說：「從本詩約略可以窺探人生的三種情態。第一段——誕生。第二段——生長（種種的悲喜之情）。第三段——歸路（落英滿地，果真無『果』乎）。詩人藉桑花之『近景』，來締造人世間縹縹緲緲的『遠境』，看誰能夠參透，以及頓悟。」原本難以掌握的人生境界，在這首詩中，藉著具體的形象，可說是已經傳達得呼之欲出了。

二、賞析新詩的幾個重要的角度

學生們對新詩常有晦澀、不易懂的先入爲主的印象，其實，只要掌握住幾個重要的角度，就好像找到開啓詩中天地的鑰匙一般，一個新異的世界就展現在眼前了。

(一)意象

我們在前面提過新詩的特色之一是「形象化的思維」，而將思維在詩中加以形象化，就是所謂的「意象」了。「意」與「象」之間必然是有關聯的；詩人找到一個精巧的形象來精確的傳達他心中的情意，因此，我們在讀詩時，就要逆溯回去，「循象而達意」：

盼望／艾青

一個海員說
他最喜歡的是起錨所激起的那
一片潔白的浪花

一個海員說
最使他高興的是拋錨所發出的
那一種鐵鍊的喧嘩……

一個盼望出發
一個盼望到達

李元洛《詩美學》說：「這是一首構思奇妙的詩，他基本上由『起錨所激起的那一片潔白的浪花』與『拋錨所發出的那一種鐵鍊的喧嘩』兩個意象構成，前一個主要是視覺意象，後一個主要是聽覺意象，結尾的兩句分別是這兩個意象的畫龍點睛之筆。」「意」與「象」在這首詩中，不是綰合得非常密切嗎？

春訊／翔翎

驚蟄過後
突然推窗
突然把耳朵張開向天井：
風　張眼
蛇　張眼
小草　張眼
索索地不再寂寞。

燕歸是春
花朝是春
偶而落雨是春
一個玩沙小孩的面頰是春。

一天晚上
寒氣盡去
那株柳在矮牆邊迅速抽芽
把自己站成一個春。

「春訊」即春天到來的訊息。我們稍加統計，就會發現作者用了八個意象來傳達春訊，即「風張眼」、「蛇張眼」、「小草張眼」、「燕歸」、「花朝」、「落雨」、「玩沙小孩的面頰」、「抽芽的柳」。這些具有代表性的畫面，構成了一個多層次、多光彩的世界，盎然春意在此躍動不已（參考周金聲主編《中國新詩詩藝品鑑》、劉紅林賞析）。

㈡音節

古典詩歌中常藉由對平仄、韻腳、字數、句數的規定，來造成詩中音節的美感。新詩的形式是自由的，但這並不表示它毫不注意聲音上的美感，相反地，它可以自由地運用四聲、韻腳、標點符號、句子長短、句數多寡……等等，來營造聲音之美，而且更有一種「渾然天成」的韻味。

秋歌——給暖暖／瘂弦

落葉完成了最後的顫抖
荻花在湖沼的藍睛裡消失
七月的砧聲遠了
暖暖

雁子們也不在遼夐的秋空
寫他們美麗的十四行
暖暖

馬蹄留下踏殘的落花
在南國小小的山徑
歌人留下破碎的琴韻
在北方幽幽的寺院
秋天，秋天什麼也沒留下
只留下一個暖暖

只留下一個暖暖
一切便都留下了

此詩前二段寫秋天已經過去了，次二段則寫季節過後留下的東西，末段點明詩人滿足、讚美的心情。常說瘂弦的詩「甜」，其實是「甜」在節奏。此詩中造成最佳韻律效果的，當然是「暖暖」二字了，這個名字帶著春意、帶著溫情，在篇中以「疊詞」的方式出現四次，其中並以疊句「只留下一個暖暖」的方式出現了兩次，這個輕輕的鼻音回環纏繞，譜成詩中悠長婉轉的旋律。此外，「留下」、「秋天」也出現了多次，而且第三段中的前二句和後二句形成工整的兩兩相對，這些重複出現的、富於秩序的元素，都替此詩添上了起起落落、呼應不絕的美麗節奏（參考《中國新詩賞析》，何寄澎賞析，及周金聲主編《中國新詩詩藝品鑑》，劉紅林賞析）。

海上／方旗

海上黃昏，雲族的牛羊不能棲止
他們水質的足蹄不能棲止在
不堪棲止的青青海原
海上黃昏不堪棲止

呂正惠說：「這是一首構想出奇的寫景詩。作者把黃昏海上漂浮的雲比喻成牛羊，又用『青青海原』一詞把海面暗喻爲青青草原。……作者巧妙的在每一行重覆『不能棲止』或『不堪棲止』這個詞語。就誦讀效果而言，這個詞語就彷如全詩的四個波浪，造成動盪的感覺，而這個感覺正和雲與海浪的飄浮不定相對應。其次，就節奏感而言，全詩四行，一行比一行短，唸起來也有漸趨於無或漸趨於停的感覺，正可以和黃昏的氣氛相呼應。」（見《中國新詩賞析》㈡）這首詩在音節上的妙處，可說都被抉發出來了。

㈢知覺（通感）

眼、耳、舌、鼻、身，是人體的五種主要感覺器官，分司視覺、聽覺、味覺、嗅覺和觸覺，人們對物理世界的認識，就是藉由這些感官來達成，而這些自然會在文學作品中反映出來；因此有意識地去感受知覺的作用，不管是對創作或欣賞而言，都是非常重要的。在各種知覺中，視覺顯然是佔著最主要的地位，人們所接收的總信息量中的百分之八十五都是由眼睛獲取的（參見邱明正《審美心理學》）；其次就要算到聽覺了，因此視覺和聽覺又特別稱爲「高等感覺」或「美的感覺」（參見陳望道《美學概論》），在文學中特別有價值。我們可舉例來欣賞：

當我年老／余光中

當我年老，高峻的額頭
就響起星斗
將我蛀穿的聲音
那樣恐怖的清醒
此外整個世界都十分沈寂
咳一聲嗽
滿城都空洞有迴音
震落紛紛的灰塵和蜘蛛
和一隻太陽，滿結蛛網
等月亮也落下來
我便捧住
和著涼涼的潮水吞下
一丸安眠藥那樣仁慈
然後睡去

此詩分作二節，分別針對聽覺和視覺來敍寫。作者先從聽覺入手，前四行模擬聲音的深刻入腦，這是寫心緒的紛馳，以致不得安眠；而接著的三行，則以「鳥鳴山更幽」的方式，來刻畫夜的靜寂。第二節則是著眼於視覺，藉太陽、月亮的相繼落下，帶出時間的流逝。失眠之夜，聽覺、視覺都醒著，捕捉了夜的蹤影。

香／朱自清

聞著梅花香麼？——
徜徉在山光水色中的我們，
陡然都默契著了。

「聞著梅花香麼？——」這麼親切的一個問句，帶出的是默契於心的悠然感受。由嗅覺而心覺，此詩的情調是相當溫潤優美的。

而在對知覺的描摹中，有一種是值得特別提出加以探討的，那就是「通感」。「通感」就是人的各種感覺器官作用的溝通與轉換。這在日常用語中是屢見不鮮的，如「食言」、「飽看青山」、「目擊」、「睡得香」……等等；表現在文學創作，特別是詩歌創作中，就成了一種特殊的藝術技巧（參考李元洛《詩美學》）。所以「通感」在新詩中，不僅用得多，也用得美，是很值得好好注意的：

牽牛花／周夢蝶

好一團波濤洶湧大合唱的紫色

這首詩若用散文來表達，應該是「風吹過開成一整片的牽牛花，花朵紛紛的擺動著」。作者用「大合唱」（聽覺），來模擬燦爛爭妍的、無數朵盛放的牽牛花（視覺），造成了非常好的效果。

金龍禪寺／洛夫

晚鐘
是遊客下山的小路
羊齒植物
沿著白色的石階
一路嚼了下去

如果此處降雪
而只見
一隻驚起的灰蟬
把山中的燈火
一盞盞地
點燃

首二句把「晚鐘」（聽覺意象）與「小路」（視覺意象）認同，除了說明遊客下山的時刻之外，更是有「警悟之鐘」的意味。而接著的三句中，用「嚼」字將羊齒植物由靜態（視覺）轉化爲動態（味覺），也說明了詩人融入自然的一份感悟。而第二節只一句，象徵的是作者內心的渴求。第三節出現「燈火」的靈明，具體而微地道出詩人的參禪歷程，與智慧的喜悅（參考《中國新詩賞析》㈢，林明德賞析）。

㈣字句修飾

字句修飾的具體表現爲我們所熟知的修辭格；一般說來，修辭格愈集中，就表示字句被修飾得愈漂亮(當然,這中間也牽涉到修飾得好與不好的問題)。新詩既然是最精練的語言,那麼它在字句修飾上的表現,必然是值得探究、欣賞的:

離/陳義芝

階前
落雁與棗桃競相叫賣
朔風穿堂而過
愀然一夜
妻的髮已爆滿梨花

首節,作者以階前的「落雁」與「棗桃」作引子,跟著是呼呼的朔風,穿堂而過,此情此景已屬相當淒清,但它們只是前奏序曲;作者在最後詠出:「愀然一夜/妻的髮已爆滿梨花」,這才是本詩真正的景致,「離」的興味悠然而出。在本詩中,「梨」與「離」雙關的修辭法,起了畫龍點睛的作用(參考張默《小詩選讀》)。

給時間/沈志方

當我驚醒
當年輕的夢被午夜驚醒
被及胸的風
與花與雪與月
驚醒

白髮，我聽到你一根
又一根裂膚而出的聲音

在這首詩的前節，「驚醒」二字一而再、再而三地出現，果真釀成了驚心不已的感受；此處所使用的修辭法是「類疊」。而其中出現的「風、花、雪、月」四字，既是節令現象，與主題——時間緊密契合，並且同時又有「雙關」的趣味。當我們展讀至末二行，對白髮裂膚而出的意象（誇飾），當會驚悚不已，真箇是不堪回首啊（參考張默《小詩選讀》）。

(五)篇章修飾

我們常提及的「章法」就是「修飾篇章的方法」，與字句修飾並爲修辭學的兩大領域。從篇章修飾的角度切入，非常能夠呈現整篇詩結構上的趣味、美感，也對我們全面地掌握新詩有相當大的幫助，所以講授時若是略去了這一環，是非常可惜的。

秋晚的江上／劉大白

歸巢的鳥兒，
儘管是倦了，
還馱著斜陽回去。

雙翅一翻，
把斜陽掉在江上，
頭白的蘆葦，
也妝成一瞬的紅顏了。

結構分析表

- 高：「歸巢的鳥兒」三行
- 低
  - 因：「雙翅一翻」二行
  - 果：「頭白的蘆葦」二行

此詩所要敘寫的就是「秋晚的江上」。作者先從高處寫起，一幅夕陽西下、倦鳥歸巢的景象躍然眼前，點出了「晚」字；接著巧妙地用「雙翅一翻」，不僅將高、低空間聯繫在一起，帶出了「江」，而且也幻設出蘆葦因此而染上紅顏，使得「秋」字也出現了，並且一反秋天的蕭颯，而富有明麗的色彩。

我之固體化／余光中

在此地，在國際的雞尾酒裡，
我仍是一塊拒絕融化的冰，
常保持零下的冷
和固體的堅度。

我本來也是很液體的，
也很愛流動，很容易沸騰
很愛玩虹的滑梯。

但中國的太陽距我太遠
我結晶了，透明且硬，
且無法自動還原。

結構分析表

- 今：「在此地，在國際的雞尾酒裡」四行
- 昔：「我本來也是很液體的」三行
- 今：「但中國的太陽距我太遠」三行

詩分成三節，形成了「今」與「昔」的對照，詩人的用意不言可喻。張默說：「此詩雖可視爲作者當時留學美國心情之寫照，但也透現一份中國知識份子的無奈與悲涼。作者那種進退維谷不得不自我『固體化』（不隨流俗）的意識，實在一言難盡。」（見《小詩選讀》）

㈥圖像

以往的絕句、律詩都宛如豆腐乾一般方方正正的，就算是以「長短句」的形式出現的詞或曲，也難以在外形上有所變化。但新詩就不同了，詩人們儘可以逞其不羈的想像力與創造力，造出千變萬化的外形，以適合詩篇的需要。而學生多數從未想過這種可能，所以初一接觸時，常會覺得大開眼界、好生新鮮，教學效果可說是非常的好。

孤鶩／蕭蕭

是
漸
漸
淒
清
的
我

路之最遠的那點，雲天無言無語落下
門關著

首節七個字一列排開，愈加顯示那隻孤鶩的孤獨感。第二節一開始，橫在面前的路，像一道牆一樣，昏昏暗暗地阻擋著。而最末一句「門關著」，直把「孤鶩」進退不得的心境，捕捉得恰到好處（見張默《小詩選讀》）。

水牛圖（節段）／詹冰

角
黑
角

擺動黑字型的臉
同心圓的波紋就繼續地擴開

這幅〈水牛圖〉真是不負其名，藉由鮮亮入眼的圖形，以及寥寥數筆的寫真，馬上勾勒出一個憨厚篤實的水牛圖像，令人不禁發出會心的微笑。

學生對新事物的接受能力是很强的，尤其是對象又是這麼美的新詩。因此只要在精采處稍稍提點一下，學生往往會有恍然大悟的感受，浸潤稍久，也會漸漸產生默契於心的喜悅。如果，用一節課的時間，就可以敲開他們的心扉，聽到他們的心靈在起著愉悅的共鳴，這不是非常值得的一件事嗎？

飛翔實驗

——談如何鍛鍊佳句

有人說散文如走路，詩如舞蹈。果真如此，則走路走得婀娜多姿，舞姿是否更爲翩躚美麗？或是飛舞時儀態萬千，那麼步態也會更爲凝斂優雅？兩者之間應該是良性的互動與循環。

這樣的觀點應用在教學上，自然使我們想到：教導學生學習新詩，那麼學生的散文寫作能力也會大爲進步；而訓練學生著意地鍛鍊散文，也應該很有助於他們向詩國跨步。

因此訓練學生鍛鍊佳句，就成爲一個很好的橋梁了，這座橋梁剛好可以溝通散文和詩，讓學生得以嘗試他們的漫遊。而設計一些小小的「實驗」，又能讓這樣的漫遊有一個比較容易的、有趣的開始。

實驗一

在一次作文中，我以小題的方式，要求他們運用「譬喻法」造出佳句：

例句：⑴我撲在書上，就像一個飢餓的人撲在麵包上。

⑵一本好書，就是一個好的社會，它能夠陶冶人的感情與氣質，使人高尚。

說明：⑴以上是兩位文學家對書的比喻。除此之外，還可以把書比喻成什麼？請你試著寫出來。

⑵此外，若將主題換成「人生」，你會怎樣來譬擬人生？也請你試著寫寫看。

學生在寫作之後，我都會加以評閱，然後把佳例打出來，影印給全班，讓大家一起來欣賞，以收鼓勵、學習之效。底下即是他們的創作成果：

書

人是一把時時都會風化的鈍刀，書是磨刀石。時時磨刀，時時光亮。（王肇廷）

如景如畫，如雷鳴如器樂，如電影如電視，如時光機器如虛擬實境，唯書而已。（張俊

彥）

書，是浩瀚宇宙的濃縮。（陳重凱）

書就像是紅豆餅，不咬它一口，永遠不知道是什麼滋味。（羅哲偉）

無數的文字化成精靈在作者筆下棲息。（李家明）

一本本厚厚的書內，是我新的人生，舊的回憶。（李家明）

書之於人生，猶如靈魂之於身體。（江京諭）

書就像是一部鋼琴，當我打開它時，文字頓時變成音符，在我胸中跳躍著。（陳明靈）

好書就像鳥兒的翅膀，能讓你飛得更高、看得更遠。（黃仲雍）

書就像昆蟲的觸角，能拓展視野。（簡至民）

人生

人生如穿過隧道的列車，在黑暗過後，則是無限希望的光明。（胡博維）

人生如穿越時空的一隻箭，在古往今來中創造時代。（翁浩正）

人生如太陽，總是努力地釋放自己的光芒，直到最後一刻。（周士崴）

人生如一場馬拉松賽，不斷地跑跑跑，跑出一條真正屬於自己的路。（陳維祥）

人生如空白的筆記本，而筆就在自己手上，想寫什麼就寫什麼。只不過，要小心一點，你

沒有修正液，也沒有橡皮擦——寫錯了，就再也改不回來。（吳宗育）

人生就像走在繁花似錦的田野上，卻想聽見，鬱林更深處的清流聲。（李士弘）

人生如戰役，需要沈著應付。（劉秉融）

人生如風，永不停留，飛過花叢間，只帶走一片香氣。（張志瑋）

人生如同拔河比賽，只不過，你是在跟自己拔河。（蕭佑霖）

人生如絮，在失落與寂寞中隨風飄盪。（吳基銓）

人生如舞台，無論大小都有你一個位置。（鄭心瀚）

人生如戲，每個人都是演員，也是導演。（王中俊）

實驗二

白居易的〈琵琶行〉對琵琶聲有極爲精采的描寫，上完此課，課本所附的「應用練習」，即要求學生針對「雨聲」、「笑聲」、「雷聲」、「哭聲」、「風聲」，用譬喻的方式來做描述。我給學生十分鐘的時間，要求他們選擇一個聲音來造句，寫好之後當場收卷。雖然不是每個學生都可以表現得很好，但是這樣的做法有助於增強他們的感受力，是很值得一試的。

雨聲

雨落在屋簷上，像孩童般無音感的敲擊。（施逸昕）

雨聲滴滴答，好似時鐘催促時光的行進。（洪欽碁）

偌大的雨勢，像一粒粒大豆落在地上。（侯俞光）

雨像數萬流星，無情地打向地表。（李代麒）

急雨聲如快速的敲打小鼓。（蔡精育）

就像趕路人的腳步，踢踢踏踏。（任冠綸）

下大雨的聲音，就像是中獎的吃角子老虎，一顆顆硬幣嘩拉嘩拉掉下來的碰撞聲。（呂柏翰）

像千百個節拍器，在那兒不停地搖頭晃腦。（何東峯）

笑聲

像被風吹過的風鈴，叮叮噹噹的響了起來。（鍾少佑）

奸人的笑聲就像用指甲刮玻璃般，令人不寒而慄。（陳宣汶）

她輕輕的笑聲，就如手中的雪般，彷彿即將在耳中融化。（賴峻偉）

雷聲

像惡作劇的小孩，總是出其不意地將你嚇個半死。（呂相儒）

哭聲

哭聲如滴在紙上的水，漸漸擴散。（周高鵬）

風聲

風聲就像頑皮的小孩，一會兒在這，一會兒又跑到那。（任冠綸）

低溜溜的，年幼的獸在林間密處打滾。（李士弘）

強風就像飆車族一樣，一下子就從耳旁呼嘯而過。（黃冠智）

實驗三

在一次校內模擬考中，出現了這樣的題目，佔分十分：

錘鍊字句是寫作文章的基本工夫，也是寫好文章的必要條件。一句警闢有力、精采生動的文句，往往勝過千言萬語。例如：說「讀書可以開闊視野，增長智慧。」不如說：「讀書猶如牛頓所云：『站在巨人的肩上』，尚未登高，即已望遠。」請依照這個原則，就「成長」與「愛」寫出兩句各以30字為限的佳句。

註：並不一定要用「引用格」或「譬喻格」，各佔5％。

據說考完之後許多學生叫苦連天，說道：真是不知從何寫起。但是評閱他們的考卷，卻發現令人驚喜的佳句時有所見。可見得學生往往都會低估他們的的能力與潛力，可是只要稍加激發，就會有連他們自己都感到意外的表現。

成長

成長猶如鑄劍，須經千錘百鍊，始能成就一把寶劍。（盧宗祺）

就像富有生命力的小豆苗，頂著頭上的泥土石塊，發芽茁壯。（陳政愷）

從牽著爸爸那好高的手，直到靠在爸爸不怎麼高的肩上。（陳文斌）

初生的小樹苗，挺直了腰桿，將嫩葉化作枝條，撐開了屬於自己的一片天。（丘士剛）

成長如同畫畫，若不能勇敢下筆，雖沒有錯誤的黑點，但也沒有炫耀的色彩。（童敬凱）

成長是一階階的樓梯，慢慢上爬。（徐銘鋒）

不知何時，父親手中的接力棒已傳到自己手上。（林哲宇）

成長就是從被愛，到愛人。（周國揚）

成長就是讓人足以挑戰昨天的自己。（陳威豪）

我們為了求生存而進化，為活得有意義而成長。（陳宏銘）

成長就是超越以前的自己。（鄭志强）

成長是一棵在緩慢茁壯的樹苗，不知不覺中，已有可以看到全世界的高度。（許殷瑋）

猶如從天而降的雨滴，經歷著重重的冒險，才注入大海。（戴治易）

成長就如波浪一樣，起起伏伏只為了一個上岸。（胡章昱）

要有所成必先有所長。我們要使自己的心智成長，才能擁有更藍的一片天。（黃仲雍）

愛

愛就是心中多出了一個人的影子。（徐銘鋒）

愛可以比永遠多一天。（陳威豪）

愛是散落地上的鑽石，細心拾起則富有，粗心走過則遭刺傷。（童敬凱）

愛是無限的延伸，無所求的奉獻，像一種祥和的波，充滿四周。（李家明）

陽光、水和空氣是維持人類生命的三大要素；而愛，則是豐富人們內心的主要因素。（陳政愷）

愛就像冬天裡的陽光；令人在寒冷中，還感覺到一絲絲的暖意。（楊郁文）

愛就是用心去感受別人的想法；因為用「心」去感「受」，才有「愛」。（連偉志）

愛是聯繫人們內心的長線，無論相隔多遠，這條線也不會斷。（江宏毅）

愛是結合兩者的瞬間膠。（陳文斌）

愛是默默的祝福；愛是彩繪人生；愛是在冷酷的世界中，燃起一把巨火。（張俊彥）

愛是一顆極酸的梅子，雖然一開始酸得難以忍受，但是總會去期待甜蜜的到來。（羅哲偉）

父母的愛跟那正在膨脹的宇宙一樣，你永遠無法找到盡頭。（林致平）

阿基米德曾說：「給我一根槓桿，我就能舉起世界。」而愛，就是那根槓桿。（馮至正）

愛就像一輪明月，溫柔地將光灑在我的身上，給我一股面對明天酷日的勇氣。（許殷瑋）

愛是會尋找黑暗的光子，照亮了每一個黑暗的角落。（栗明正）

實驗四

在一次段考考試命題中，我勻出5分來考「佳句演練」。題目如下：

範例：說「水」

(1)不僅自己運動，還推動其他物體一起運動的是水；
(2)經常地不停止地尋找自己的路的是水；
(3)遇到障礙則氣勢更大的是水；
(4)不僅洗淨自己，還洗刷其他各種污濁，並有容含清濁「肚量」的是水。

寫作要求：請仿照前文，根據「火」的某一特性，寫一則〈說「火」〉，字數限制在25字以內。（參考賴慶雄、楊慧文編《作文新題型》）

這是一次正式考試，學生在時間和分數雙重壓力的激盪下，表現得還算不錯，以下即是一些佳句的摘錄：

活在相愛人們之胸懷的是火。（李相求）

為夜晚帶來光明，使人類走向文明的是火。（呂相儒）

狂飆的熱力，使大地跳起搔沙舞。（李代麒）

不僅自己發光發熱，也讓其他物體一起發光發熱。（傅國霖）

狂風掃過，縱然東倒西歪，但始終屹立的是火。（洪欽碁）

一旦遇上任何一物，物不盡則自己絕不停的是火。（賴彥君）

吸取萬物能量，增添本身烈焰的是火。（尹子文）

手舞足蹈地跳著舞，在前頭引領人類進入新世界的是火。（洪啓軒）

輕輕揮揮衣袖，便帶走所有東西，只留下滿天飛灰的，是火。（譚景文）

燃燒自己以炫耀氣勢的是火。（陳建宏）

打從古早，帶給人們光明，趕走夜晚恐懼的是火。（符立承）

不僅自己穿上火紅的大衣，也替週遭的物體都穿上。（葉劍涵）

不斷搖動自己的身軀，將熱情無限擴散。（李岡哲）

生命也許短暫，但在消失前，光芒比誰都大的，是火。（黃冠智）

彷彿兩面刀，益則光輝人類文化，弊則席捲大地的，是火。（周唯中）

不僅自己發光，也讓周圍成為發光體的，是火。（鄭祺耀）

努力向天空一直延伸的是火。（于乃璁）

只要逮住一點小機會，就盡情展現自我、發光發熱的是火。（李士弘）

只要還有一點空氣，就永不熄滅、永不放棄的是火。（林鼎傑）

不停利用別物來茁壯自己的是火。（徐士傑）

寂靜夜裡，滿腔熱血對抗黑暗的是火。（謝武興）

實驗五

在教李白的〈春夜宴桃李園序〉時，關於作者部分，學生其實多已耳熟能詳，因此略過不講；但是發下了一張作業，上面印有洛夫的〈李白傳奇〉，還有三個問題。其中的一個問題是：「請以『蓮花』、『賞月』或『微醺』爲題，造一佳句，字數限制在二十字之內。」評閱學生繳回的作業後，發現有些學生頗能掌握要領，造出不錯的句子，有些句子甚且已頗具詩意：

蓮花

蓮花是池裡的睡美人，永遠躺在池面上。（陳孝勇）

賞月

漸覺月色來自我的雙眼。（李榮傑）
帶著酣醉的腳步，試著尋找月光的來處。（楊子儀）
你可以再靠近一點，我是那高掛的月娘。（陳志峯）
嫦娥會不會看到我殷切的雙眼呢？（魯家恩）
人羣中的明月，是暗夜中的你。（賴柏成）
看著明月，你是否正煩惱著那一個木訥的我。（陳國倫）
我仰臉飲下月光，用微醺的心情賞微醺的月。（王力勤）

微醺

展開雙翅飛去，向憂慮說再見。（胡博維）
朦朦朧朧，目光迷眩，一隻步履蹣跚的大象。（黃明進）
彷彿清醒，彷彿迷茫，悠然於紛亂的世界裡。（鄭祺耀）
潛意識偷渡到理智中尋夢。（蔡東杰）
喝了一碗湯，就看到地球自轉。（陳君懷）
這是四月天，流浪於晨霧的四月天。（陳廷侑）

學生的佳句通常具有「取材獨特」、「鍊句精緻」的特點，如果能融入一些較爲深刻的思考，那就更出色了；而且若是從「功利」一點的角度來考量，那麼學生作文繁冗不清，出現病字病句的情況相當常見，而這樣的練習正好有助於學生革除這些毛病，所以等於大大增强了學生的作文能力，也增加了學生在考試中的得分機會，更不用提日後寫報告、擬企劃案……等等，應該也會容易許多。

不過，我們想要得到的當然不止於此。要求學生凝思斂慮地嘗試鍛鍊出佳句來，等於是對他們的創作能力的小小開發；而且這種開發不僅有助於散文、新詩的寫作，事實上，這就是嘗試著探索「美」。「美」能滋潤人生，讓心靈從挫敗、沈重、焦慮……中解放；如果把這樣的解放比喻成心靈的翱翔，那麼，我們現在所做的，就是一次次的飛翔實驗，要把學生的翅膀鍛鍊得更有力、更强壯，以期待他們壯闊的飛翔。

一點點不同

——談散文句如何轉化爲詩句

記得從前讀過一首徐玉諾的〈詩〉：

輕輕的捧著那些奇怪的小詩，
慢慢的走入林去；
小鳥們默默的向我點頭，
小蟲兒向我瞥眼。
我走入更陰森更深密的林中，
暗把那些奇怪東西放在濕漉的草上。
看啊，這個林中！
一個個小蟲都張出他的面孔來，

一個個小葉都睜開他的眼睛來，
音樂是雜亂的美妙，
樹林中，這裡，那裡，
滿滿都是奇異的，神祕的詩絲織著。
多奇妙啊！整個森林都點亮了。

其實，在新詩教學的過程中，我常常有這種感覺，覺得學生的眼睛是亮的、心是醒的。如果，能從單純的欣賞進而到嘗試創作，長久潛伏的詩心初初被觸動，相信每個學生都會驚異地察覺，自己心裡還有這麼一個久被忽略的、暗藏馨郁的角落；而這種發現的喜悅，是相當迷人的。

不過，要教導學生從事新詩創作，可能必須循序漸進地慢慢來。因爲學生長期以來接受的是散文閱讀、寫作的訓練，對於新詩卻常被忽略了。事實上，散文讀寫能力的訓練當然是非常必要的，而且在這過程中，學生累積了許多文學必需的、共通的知識與能力，對新詩的寫作而言，助益相當大。可是，畢竟散文與詩是不同的；因此，要幫助學生從慣有的、散文寫作的框框中掙脫出來，可能需要一些小小的技巧。

步驟一

第一步，當然是讓學生體會到散文句和詩句中的那「一點點不同」。什麼是詩呢？桑德堡說：「詩，是風信子花和餅乾的合成體」、「詩是一扇門剎那間一開一闔時從門縫中所見到的一切」（參見向明《新詩50問》）。這樣的解釋很美，但是也很抽象，學生聽了，大概只會大眼瞪小眼，或是呱呱鼓譟。

因此，要讓學生體會詩與散文的不同，最基本、最好的方式，就是將此二者對照起來，一眼看去、一目瞭然。下列的這個表，就是按照這樣的想法製作出來的：

非詩	詩
窗外，雨一直下著，時間流逝，夜越來越深	敲窗的雨聲 來不及開口 夜已經深了（馮青〈無題〉節選）

被深深的思念折磨著，時間過得如此之慢	而遭思念長吻住的愛啊 一分鐘竟比一個峽谷寬（白靈〈愛與死的間隙〉 節選）
我又跌入回憶之中	往事影子般潛伏過來了（焦桐〈往事影子般潛 伏過來了〉節選）
中年的我，在夢中依稀看到了童年時外婆手植 的茉莉花，也彷彿嗅到了花香	那株外婆手植的茉莉花 被光陰侵蝕了幾個洞 當年的花香迷了路 很久很久才走進我中年的夢境（焦桐〈茉莉花 遺事〉節選）
地表上的萬事萬物，彷彿都在傳遞著一個訊息	我把整個地球 濃縮成一個訊號（羅青〈登U州台歌〉節選）
我常常撐著傘，走去某些地方	張開來像飛行的船 始終帶你到某個地方（陳黎〈傘〉節選）

在學生閱讀的同時，可以對新詩詩句的簡鍊精美、常用的比興象徵手法，以及奔放恣肆的想像力的展現……等重點稍加提醒，或請學生就觀察所得發表看法。經過這樣的過程之後，學生應該就比較能抓住那「一點點不同」了。

步驟二

如果只是看看而已、「作壁上觀」，實在不太過癮，因此當然要學生也試著來練習一下。我的作法是先用散文句描寫出一個情境，請學生就此來發想，將之轉化爲詩句。底下就是我所擬的三個題目：

題目一：萬點的星星佈在夜幕上，明明滅滅地閃爍著。

題目二：起霧的清晨，天地白茫茫的一片，清涼的氣息沁人心脾。

題目三：平靜的湖水被風吹起陣陣漣漪。

當時我就跟學生說好：三個題目任選一個來寫，當然行有餘力的話，就多多益善。不過，因爲學生寫慣了散文，習慣了「字數要夠」、「篇幅要長」的想法，因此還是要鄭重地提醒學生：

在新詩寫作中，簡鍊精美是最重要的，一定要有意識地進行剪裁，就算最後刪到只剩一句，也絕對沒有關係。提醒之後，就要學生「放開來寫」了！

底下就是學生在這次練習中所繳交出來的成果：

題目一

紫藍的那顆
落在詩人的手中（施逸昕）

一個個閃爍的拼圖
拼出仲夏夜之夢（林宜德）

大地陷入了黑暗
眾神，眨巴著祂的眼
關愛眾生（賴宜平）

伸手不見五指

只看見
千萬隻銳利的眼神
正監視著我（林宗銘）

成千成萬隻的眼睛
偷偷的窺視著我（傅家德）

千千萬萬遠方的燈塔
正眨著眼睛
指引著我們（謝智翔）

星兒就像帶著淚的戀人
在月黑風高的夜
張大了眼
閃著淚光
尋尋覓覓地找著他（林鼎傑）

獵戶因為閃躲天蠍而從舞台西方退場了
在這黑色的場景裡
上演著
希臘的神話故事（鄭祺耀）

十二月二十四日——晴
連夜空也
掛上千萬顆的
閃亮燈泡（穆可斌）

題目二

清晨的大地
吐出一口大氣（毛瑞輿）

在遠處
找到那久違的

曙光（牛暄中）

題目三

風撫摸著湖水的秀絲
在綠色圍幕中
靜靜的逗弄著
靜靜的（李代麒）

風的孩子
蹦蹦跳跳地踏過湖面（尹子文）

風是畫家
湖水是她的畫板（陳永昇）

風起
雲湧

平靜以巨大的洶湧籠罩著湖面(張勝豪)

垂柳晃呀晃
忍不住
親了一下湖水
湖水高興得
露出一臉酒窩(張銘城)

風輕輕親吻了湖水
平靜的湖面感受了小小的甜蜜(蕭佑霖)

那是風永遠揭不開的祕密(周高鵬)

跳著，跳著
跳過了寧靜的湖面
飛翔而去(何東峯)

除了要求學生當場習作之外，我也請較有新詩寫作經驗的高三學生來試作；比較起來，經過訓練的學生用字較爲精準含蓄，也會嘗試融入較深的情意。他們的詩篇如下：

題目一

沙浪平息
大漠便迴盪駝鈴清音
拖著乾渴的身軀
舉步　一歎
隱約聽見　水流潺湲
驚回頭
竟是
天上星河的流瀉（黃冠智）
羣星斷續的吶喊與嘆息
匯聚成一個宇宙
在夜的眼瞳

結晶（馬思源）

題目二

那自恃的老者衣衫襤褸
霧中的身形模糊不清
我徐徐吐一口白煙
他才溫暖地笑了起來（廖宏霖）

題目三

浪子深深地歎了一口氣
翻飛了愛人垂落的裙裾
而無人的鞦韆擺盪
憂鬱被高高地舉起
又放下（廖宏霖）

尋找秋天
我把落葉和西風捧在手中
輕輕一吹，雨

就飄下來了（廖宏霖）

先用散文句設定情境的好處是：學生的構思因此而有個依據，能幫助他們先從「一點」突破，以便順利地找到通往詩境的路，對初學者而言是相當有用的。不過，從學生的習作中，我們也可以發現一些值得注意的地方：

首先是用來設定情境的散文句應該越質樸越好。當我把題目發下去時，就有學生說：題目就像詩了嘛！雖然在命題時已注意到散文句不可喧賓奪主，因此與真正的詩其實差別還是很大；但是也可看得出來，如果散文句太過優美，學生可能會望而生畏，覺得自己怎麼可能推陳出新呢？因此此時散文句應該越質樸，才越能起到良好的引導作用。

其次，所設定的情境應該是容易發揮的；也就是不宜用抽象的情理，而應是實物、實景，才能引發學生的想像力。其實這點從童詩的寫作中就可以得到印證。

還有，從學生的習作裡，我們發現：學生最常用的手法還是轉化格中的擬人。這種手法的好處是詩句往往因此而有了簡單的情節，感情也濃郁許多。也許這也可以解釋：爲什麼寫作題目二的同學較少，大概是因爲白霧較難加以擬人化的關係吧！不過，我們當然希望學生能從多個不同的角度來嘗試，因此在講評時，可以提出學生所用到的不同手法，希望學生在以後的習作中能給自己多一點挑戰。

在學生習作的時候，我喜歡偷偷觀察他們的表情動作，因爲他們那副凝神苦思的模樣，還真的有點像詩人呢！可是關於這一點，我從來没有跟他們講，我喜歡這是我個人的祕密，我喜歡還是這樣祕密地享受著。

接龍遊戲

——談新詩的續寫

「續寫」是近來相當風行的作文題型之一。陳滿銘《作文教學指導》中認爲，這種題型因爲有一段短文作基礎，所以使學生有基本的材料可依據，不致漫無範圍；同時又留有相當的自主空間，使學生能馳騁他們的才情與想像力，因此是相當好的一種命題方式。

同樣的道理也可應用在新詩習作上。學生剛接觸新詩時，儘管驚艷於新詩的精緻雋美，但談到習作新詩，由於素養的不足，對新詩的語言無法有效的掌控，常有不知如何下筆之嘆！而此時適切地運用「新詩續寫」這一命題方式，幫他們「開一個頭」，往往可以引發學生的靈感；也許，從未開鑿的心泉就會「波」地一聲，汩汩地噴湧出許多靈思妙想，這種前所未有的「才情煥發」的感覺，相信學生自己都會驚異而著迷。

「坐而言不如起而行」。面對今年新接的一年級學生，在上學期剛上完「新詩選」——鄭愁予〈錯誤〉和蘇紹連〈七尺布〉後，我就擇定時間，要求他們習作新詩的續寫。我的作法是在事前先挑選名家適合的詩作，擷取第一至三句登錄出來，作爲開頭；而且這些詩作最好是學生從未見過的，以免學生會「先入爲主」，而使構思的範圍受限。習作時，先言明句數不限，「重質」甚於「重量」，然後給他們整整一堂課的時間，讓學生好好地琢磨出生命中的第一首詩。

收回新詩習作後，我發現學生的創造力真是不可小覷，同樣的開頭，卻有變化多端的續寫，彷如百花齊放，令人眼花撩亂、驚喜不已。底下就是這次習作中一些優秀的作品：

題目一：

今兒，突有
一枚熟透了的果子，從空中
跌落了下來

學生的習作如下：

今兒，突有
一枚熟透了的果子，從空中
跌落了下來
風吹著　雨下著

時間一久
皮開了 肉腐了
但那渾圓的核
卻在土裡幸福的睡著了（黃靖傑）

此詩前半部以「風吹雨下」、「皮開肉腐」，予人黯淡的聯想；但最末二句卻作一翻轉，造出一個甜美的結尾，頗具巧思。而且語氣可愛，令人喜歡。

今兒，突有
一枚熟透了的果子，從空中
跌落了下來
原來，那不是果子
是滿是傷痕的心（甘緯杰）

年少的心，敏感而脆弱。這首詩以不多的字數、淺白的語言，寫出了什麼是「傷心」。

今兒，突有
一枚熟透的果子，從空中

跌落了下來
那時，我想。
這枚熟透了的果子，獨自地
會不會念著家鄉呢？
應該吧，我想。
哪有不盼著回家的遊子呢？（郭肇軒）

全詩的結構是由眼前實景（前三句），轉入設想中的虛境（後五句），並由「果」即「人」，以帶出主旨。淡淡的語氣，卻有著悠悠的韻味。我們彷彿看到一個徘徊樹下的身影，靜靜地眺望著。

今兒，突有
一枚熟透的果子，從空中
跌落了下來
我知道
那曾是我心中最美麗的
負　　荷（陳立文）

曾經的美麗負荷，而今留下的是成空的悵惘？還是成長的滿足？或許是兩者都有吧！

今兒，突有
一枚熟透的果子，從空中
跌落了下來
將回憶沈澱在十一月的季節
但對你的思念卻像浮體般慢慢浮現（羅揚智）

作者將季節設定在秋冬之交，營造出蕭索的氣氛；而且先說「回憶沈澱」，卻又道「慢慢浮現」，句意的矛盾，實則傳達的是心意的矛盾。

今兒，突有
一枚熟透的果子，從空中
跌落了下來，彷彿
告訴成年的我，該是
離鄉自立的時候（周政頤）

男兒志在四方。此詩將果熟而落之景，與成年自立的我連結起來，頗見新意。

今兒，突有
一枚熟透的果子，從空中
跌落了下來
躺在夏天潮濕的土地上
望著天空
微風，雲在飄動
慢慢的，露出手
向天空伸去
想抓住
天上的雲（李冠勳）

這首詩以擬人的手法，寫果核吐芽、生長的情形。全篇流溢著溫馨可愛的情調。

今兒，突有
一枚熟透的果子，從空中
跌落了下來
不久，也有

一個稱為地心引力的名詞
降落在課本上（吳宗育）

學生新鮮的聯想真令人忍俊不禁。而且與他們的日常生活結合起來，展現出其他年齡層所不會出現的風貌。

今兒，突有
一枚熟透的果子，從空中
跌落了下來
跌進大地的懷抱
發芽，
生根，
茁壯，
生葉，
開花，
結果，
然後，明年

又有一枚熟透了的果子，從空中
跌落了下來（王昱人）

此詩文字淺顯，但最末三句峯迴路轉，不僅有首尾圓合之效，而且也暗示了時光的流轉、萬物的生生不息。

◎本題詩句採自彩羽的〈端居在芒果樹下〉：

今兒，突有
一枚熟透了的果子，從空中
跌落了下來
拾在手中，我知道的
這並不是它的失足，而只是
樹所投給我的——一枚熟透了的喜悅

結構分析表

- 敘
  - 因：「今兒，突有」三行
  - 果：「拾在手中」
- 論
  - 否定：「我知道的……失足」
  - 肯定：「而只是……喜悅」

詩人筆力凝鍊、寓意深刻，以「先敘後論」的方式，來敘寫對生活一景的思索。其中「敘」的部分，由因及果地交代了果熟而落這件事；不過重點在後面的「論」，作者先否定了「失足」，再肯定地提出「喜悅」，恬適滿足的韻味，遂悠然透出。

題目二：

誰在敲著門
無端地爲我敲著門？

學生習作如下：

誰在敲著門，
無端地爲我敲著門？
敲著塵封已久的門。
原以為是生鏽的鎖，
因為你的執著，
讓我重睹，
孤寂外的碧海藍天……（邊聖宇）

深鎖的心門，因你的執著而重新開啓，通向敞亮的天地。結尾充滿新生的希望，一掃之前的陰霾。

誰在敲著門，
無端地爲我敲著門？
企圖打開我的心房，
無心，
只是你臉上的面具，
故意隱藏我曾追逐過的笑容。（林華珩）

淡淡的情愫、矜持的關懷，女孩、男孩之間捉迷藏般的情感，在這首詩中流露無遺。

誰在敲著門，
無端地爲我敲著門？
響徹雲霄的敲打聲
傳進了我的心
我該為他打開封閉已久的心門
還是讓他苦苦的在門外等
正在猶豫著
他已從窗戶悄悄的爬進了我的心（趙志宇）

這首詩敍寫的是猶疑的心路歷程，但結局卻是出人意料而引人會心一笑的。

誰在敲著門，
無端地爲我敲著門？
是紅娘或是月下老人
還是我的情竇初開

不小心撞著了門（蕭佑霖）

這首詩可愛極了，男孩的初戀情懷躍然紙上，讓我在評閱之時，忍不住咯咯直笑。

誰在敲著門，
無端地爲我敲著門？
是你嗎？
還是我深藏在心中的祕密
在寂靜的夜裡
鼓動著
想要打開我的心門（王鼎鈞）

此詩一方面描摹了幽邃的心靈，一方面又隱隱透露出破蛹而出的期待，頗耐人尋味。

誰在敲著門，
無端地爲我敲著門？
宛如陰沈的腳步，

叩！叩！叩！
是惡魔撒旦又要來奪走我的一切了嗎？
猶如愉悅的歡笑，
答答答！答答答！
是天使的祝福又降臨到我的身邊了嗎？（張翔喻）

誰在敲著門呢？此詩傳達的是作者不確定、既期待又怕受傷害的心境。

誰在敲著門
無端地爲我敲著門？
我急急把門一開
卻發現
一地的落葉（王力勤）

「一地的落葉」，暗示的是什麼？作者以景傳情，並不直接道破，使得詩篇多了一分含蓄的韻味。

◎本題詩句採自白芸的〈沈重的敲音〉：

誰在敲著門
無端地爲我敲著門？
此刻，安息的落花，叩著大地……

誰在敲著門，
無端地為我敲著門？
此刻，辛勤的木工，裝釘著棺木……

誰在敲著門，
無端地為我敲著門？
此刻，爐火滅去，十二點鐘正催鳴……

結構分析表

- 先
  - 問：「誰在敲著門」二句
  - 擬答：「此刻，安息的落花」句
- 中
  - 問：「誰在敲著門」二句
  - 擬答：「此刻，辛勤的木工」句
- 後
  - 問：「誰在敲著門」二句
  - 擬答：「此刻，爐火滅去」句

此詩以重複出現三次的「誰在敲著門，／無端地爲我敲著門？」，造成一種韻律感，並且也强力地醞釀出不安的氣氛。而且一問之後，接著出現的是一幅絕望之景，仿若無言的回答。而時間流逝，不可避免的結局逐漸迫近，讓此詩的氣氛顯得更加凝重了。

題目三：

一個人啊
走著

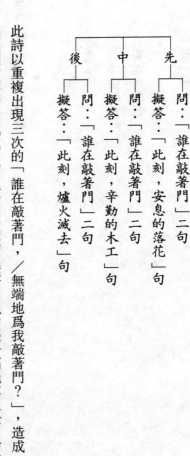

學生習作如下：

一個人啊
走著
走到想像的懸崖
展翅飛去（陳君懷）

此詩想像瑰麗恢弘，雖然只有短短四句，不過十七個字（比五言絕句還少三個字），卻有蕭灑不羈的情調，極爲難得。

一個人啊
走著
穿越時空的盡頭
在廣漠的路程
留下
一步一腳印
永遠

無法磨滅（江欣哲）

此詩氣魄頗大。在遼敻的時空中，人的腳迹雖微小，卻是不可磨滅。結結實實地歌頌了人類的力量。

一個人啊
走著
沒有志同道合的朋友
沒有擦身而過的路人
只有孤獨陪伴
路
更遙遠了（王中俊）

作者抒寫的是孤獨的心境。如此年少而如此孤獨，令我們不禁凝想到一個踽踽獨行的身影。

一個人啊
走著
孤獨問我

要去哪兒
我傻傻的說
在那
有月光的路上
走著（陳廷侑）

彷彿孤獨，又彷彿不孤獨；徘徊在幽冷與溫馨之間，是此詩情調的特殊之處。

一個人啊
走著
路過了七個冷冽的冬季
卻始終無法
找出
曾經插在我心中的
薔薇（廖書緯）

此詩彷彿書寫逝去的情事。愛情雖已逝去，但傷口猶在，仍汩汩地淌血。

一個人啊
走著
走在熙來攘往的街頭
無聲無息地
穿過人羣
孤寂的隱沒
在內心的哀愁（陳秉源）

作者的身影彷彿幽魂一般，在喧囂中飄蕩，最終仍歸返於靜寂的哀愁之中。全詩暈染著一種傷感的情調。

一個人啊
走著
走在繁華的街道
走在寂靜的小巷
卻
走不到溫暖的家門前（林読誌）

進得了所有的門，卻進不了唯一的家門。反諷中有深重的悲哀。

◎本題詩句採自葉維廉的〈歌之二〉：

一個人啊
走著
走在
沈雲
風暗
浪劫天的
海峽邊沿

結構分析表

點：「一個人啊」二句
染：「走在」五句

作者先「點」出人；再用較多的筆墨渲染出沈重的氛圍，這是「染」的部分。如此「先點後染」，使得原本簡簡單單的一件事，凝聚了深重的涵義。

題目四：

站在始終進不去的門外

學生習作如下：

站在始終進不去的門外
一顆顆冰塊的心
使我發寒
火炬熊熊地燃燒
背影更加地陰暗深沈
火——熄了（林琮堯）

這首詩以層層遞進的手法，將絕望之感逐漸推深，最終一句「火——熄了」，彷如畫上句點一般，驅除所有希望。

站在始終進不去的門外
我努力尋找那把鑰匙的蹤影
卻發現
它掉落在黑濁的河裡（張育鐘）

此詩敍寫追尋的焦急與無望，最末出現的「黑濁的河裡」，形象十分鮮明，耐人尋味。

站在始終進不去的門外
也許苦惱，心急如焚
但
旁邊的人正在百思不解地看著
心裡問著
「為何他不走別扇門進去呢？」（鄭祺耀）

這首詩有著「旁觀者清、當局者迷」的領悟，也有「山重水複疑無路，柳暗花明又一村」的豁然，是以「理」勝的作品。

◎本題詩句採自苦苓的〈哀〉：

站在始終進不去的門外
影子不聲不響由門下的縫隙進去
把燈關了而且
始終沒有如約為我開門

結構分析表

- 果：「站在始終進不去的門外」
- 因
  - 暫：「影子不聲不響」二句
  - 久：「始終沒有如約為我開門」

此詩以「先果後因」的方式寫成；因爲影子把燈關了，且久久不肯開門，所以我站在門外，始終無法進去。值得思索的是：影子與我是二而一、一而二的；是「影子」不肯開門？還是「我」不願開門呢？作者沒有明言，疑問仍留在讀者的心底。

題目五：大海中的落日

悲壯得像英雄的感嘆

學生習作如下：

大海中的落日
悲壯得像英雄的感嘆
在生命了結前
放出最美好的光采（林書玄）

「不在乎天長地久，只在乎曾經擁有」。生命終歸會有消逝、了結的一刻，但在這一刻前，瞬間即是永恆。

大海中的落日
悲壯得像英雄的感嘆
一波波白浪
是個說書人
在霞中傾吐那神話般的

故事（周高鵬）

此詩凸出的地方，在於將「景」與「事」巧妙地結合起來，使得篇中出現的兩個景——落日和波浪，都沾染上浪漫的色彩。

大海中的落日
悲壯得像英雄的感嘆
歸途中的沙鷗
發出一聲聲的悲鳴
英雄不死
只是逐漸沒落（林信逸）

作者擷取大海落日、悲鳴沙鷗這兩個景，渲染出悲壯的氣氛，最後化用麥克阿瑟的名句「老兵不死，只是凋零」入詩，相當貼切，而且提升了全詩的境界。

◎本題詩句採自覃子豪的〈追求〉：

大海中的落日

悲壯得像英雄的感嘆
一顆星追過去
向遙遠的天邊

黑夜的海風
括起了黃沙
在蒼茫的夜裡
一個健偉的靈魂
跨上了時間的快馬

結構分析表

- 實：
  - 先（黃昏）：「大海中的落日」二句
  - 中（日暮）：「一顆星追過去」二句
  - 後（深夜）：「黑夜的海風」二句
- 虛：「在蒼茫的夜裡」三句

作者從眼前的實境寫起，時間由黃昏而日暮而深夜，分別收納了三個蒼茫之景，醞釀出懾人的氣氛；其中「落日」和「流星」所給予人們的，是時光苦短的感嘆，而「黑夜的海風」二句，則似有漫天的陰鬱苦悶。但最末二句轉入虛境，作者縱其主觀的想像，作千鈞之力的翻轉，將其自身永不放棄的堅持精神，化成具體的形象，强力地駕馭奔竄如飛的時間，其勃發的生命力，就鮮活地傳達給讀者了。

題目六：

戀人之髮
黑而且美

學生習作如下：

戀人之髮
黑而且美
深夜中唯一的細流
映著明月癡迷的光（翁浩正）

這首詩寫得相當精緻。戀人之髮被處理得瀏亮、光彩、有律動感，果真是引人癡迷。

戀人之髮
黑而且美
如那　讓風兒迷失的黑森林
窸窸窣窣
為那　粗拙的蜜語
嗔笑（李士弘）

有聲音、有動態，在作者筆下，戀人之髮彷彿被賦予了生命，非常鮮活。

戀人之髮
黑而且美
中秋的月光
映照髮上
是否能照出
我思念的淚痕（胡博維）

此詩的情調相當溫柔，就是一付戀人的口氣。

戀人之髮
黑而且美
在深夜裡
唯美的碧色山林中
一座華麗的瀑布（詹庭瑜）

作者著力刻畫戀人之髮又黑又美，首、尾間呼應得非常圓密。

戀人之髮
黑而且美
宛如
七夕夜
橋燕的黑羽（譚景仁）

這首詩中化用了七夕鵲橋的典故，讓全詩更增添了一份古典浪漫的韻味。由此可見「用典」

的力量也是頗大的。

戀人之髮
黑而且美
午夜時，魔鬼的魅影
激盪我心（劉向桓）

此詩中最重要的意象是「魔鬼的魅影」，用得相當重，但是也相當有味道，頗有一種又愛又恨的感覺。

◎本題詩句採自紀弦的〈戀人之目〉：

戀人之目
黑而且美
十一月
獅子座的流星雨

結構分析表

- 泛：「戀人之目」二句
- 具：「十一月」二句

作者先泛寫戀人的眼睛是又黑又美的；接著用具體的形象加以刻畫，以十一月的澄澈夜空狀其黑，以燦亮的流星雨狀其美，真是傳神之筆。

不過，因爲這首詩在之前就已經抄給學生欣賞過了，所以在出題時將「目」改爲「髮」，要學生試著來續寫。

＊　＊　＊

整個批閱過學生的習作，並打出來與全班一起欣賞之後，發覺新詩續寫真的是很適合用來引導學生的命題方式。學生的新詩續寫，最大的優點在於觸角敏銳、構思新穎，常與人「別開生面」之感；而且許多學生會經過刻意的設計，在結尾來個峯迴路轉的神來之筆，有極短篇的味道，效果往往相當的好。此外，最後欣賞原詩時，也因爲有了續作的經驗，所以就能夠更深刻的欣賞、體會新詩之美。

不過，缺點也是顯而易見的。由於是第一篇新詩習作，語言的稚拙就是一個普遍的毛病，雖然有時也可營造出童詩般純真的情味，但絕大部分顯露出來的是對文字掌控力有未逮的窘迫；可是要改善這個缺點，除了天生的才情之外，「積學儲寶」仍是不變的法則。此外，詩意太過顯露也是常犯的錯誤，因此可以引導學生瞭解什麼叫「形象思維」，要讓「形象」來說話，才會含蓄而豐富，不應該平鋪直敘，否則就失去文學特有的美感了。

而且，在命題的部分也有需要注意的地方。雖然在一開始挑選作爲開頭的詩作時，就已經留心到要留給學生較大的發揮空間，但是經過學生實際寫作之後，發覺題目三（一個人啊／走著）和題目四（站在始終進不去的門外），所給的暗示太明確，所以學生幾乎都只朝同一個方向去構思，而且情調也太過晦暗低沈，缺乏明朗開闊、向上提升的力量，這些都是不太適合的，此後都宜避免。說起來，題目一（今兒，突有／一枚熟透了的果子，從空中／跌落了下來）和題目六（戀人之髮／黑而且美），應該是比較成功的題目，學生的表現也比較令人滿意。

附帶一提的是：長期以來聯考、學科能力測驗、模擬考……等等考試，在非選擇題的部分，儘管題目不同，但文體幾乎都限制在白話散文上，大家對此也都習以爲常了。可是是不是一定必須如此呢？可不可以用「小題」（大概佔分十分）的方式，來讓學生展現新詩寫作的能力呢？也許立刻湧上大家心頭的是評選標準不易掌握的問題，不過如果是以「續寫」的方式來命題，而且規定續寫的詩句不得超過八句，那麼就已限定住一個合理的範圍，學生仍有足夠的空間揮灑，而教師的評閱卻因此而較易出現共通的、合適的標準。這是一個很值得嘗試的方向。

教導學生寫作新詩，最快樂的時光就是批改的過程，以及與全班一起分享的時刻。每次我都會覺得正與學生的心靈作前所未有的親密交流，那種和悅溫馨的感受，教人留戀。我想，這不就是一次「美感教育」的實踐嗎？

拼圖遊戲

——談如何寫組詩

組詩的寫作歷史可上溯至古典詩歌；譬如部編本第五册散曲選〈套曲〉，就選了馬致遠〈題西湖〉（全曲十二支錄六），其中就出現「春、夏、秋、冬」的刻意配置：

（雙調）新水令

四時湖水鏡無瑕，布江山自然如畫。雄宴賞，聚奢華。人不奢華，山景本無價。

慶東原

暖日宜乘轎，春風堪信馬，恰寒食有二百處秋千架。向人嬌杏花，撲人衣柳花，迎人笑桃花。來往畫船遊，招颭青旗掛。

棗鄉詞

納涼時，波漲沙，滿湖香芰荷蒹葭。瑩玉杯，青玉斝，恁般樓臺正宜夏，都輸他沈李浮瓜。

掛玉鈎

曲岸經霜落葉滑，誰道是秋蕭灑。最好西湖賣酒家，黃菊綻東籬下。自立冬，將殘臘，雪片似江梅。血點般山茶。

阿納忽

山上栽桑麻，湖上尋生涯，枕頭上鼓吹鳴蛙，江上聽甚琵琶？

尾

漁村偏喜多鵝鴨，柴門一任絕車馬，竹引山泉，鼎試雷芽。但得孤山尋梅處。苫間草廈，有林和靖是鄰家，喝口水，西湖上快活煞。

這個套曲的整體結構是「凡、目、凡」。首先〈新水令〉先泛寫西湖的自然景色，指出湖山勝景之無價，點明主旨，以統攝全曲，這是第一個「凡」。其次就中間的「目」來說，它先以〈慶東原〉寫春景，再以〈棗鄉詞〉寫夏景，接著以「掛玉鈎」寫秋、冬之景。末就後一個「凡」來說，總結了上文各「目」寫四季景色的部分，先以〈阿納忽〉寫隱居生活的富足自在，再以〈尾〉寫隱居生活的淡薄適意，並由因及果，結出「西湖上快活煞」一句，應起作收，收得點滴不漏（參見陳滿銘《文章結構分析——以中學國文課文爲例》）。

新詩中組詩的寫作也是屢見不鮮的，譬如金傘的詩：

〈我家的頭髮〉——之一

在我的記憶裡，
父親的頭髮，
還拖著一條長辮子。

祖父常用腳
踏著那辮子
拼命的拳擊。

城裡來的差人，
又把那辮子
吊在樹上，
用鞭子打著
要錢糧。

但他的辮子並沒有掉

一直拖進棺材
還那麼粗大。

〈我家的頭髮〉——之二

母親的頭髮
一輩子不梳。
上面落滿了
烙麵時蕩出的麵屑，
和燒火時
飛出的灰星子。
且又最易脫落：
用手一撓，
就抓下一把亂髮和母蝨。

臨死時，交代姊姊
「把我的頭髮梳一梳吧！
披頭散髮，
是不好見閻王的。」
姊姊梳梳她的頭髮，
於是安心的閉上眼；
但蝨子還在喝她的血。

這首詩以父親、母親的髮爲主題，用白描的手法、質樸的語言，寫出了深深的哀痛與控訴，令人深受震撼。

不過，汪曾祺〈早春〉系列，則是以清麗之筆描繪早春：

〈彩旗〉——早春之一

當風的彩旗，
像一片被縛住的波浪。

〈杏花〉——早春之二

杏花翻著碎碎的瓣子……
彷彿有人拿了一桶花瓣灑在樹上。

〈早春〉——早春之三

（新綠是朦朧的，飄落在樹杪，
完全不像是葉子……）
遠樹的綠色的呼吸

詩人筆下的當風的彩旗、翻飛的杏花、初綻的新綠，共同譜成了早春組曲，令人心嚮神往。

另外，尚有張香華〈四像〉書寫了生、老、病、死；商禽〈五官素描〉賦予嘴、眉、鼻、眼、耳新的造像與意義；楊笛〈寫花十二帖〉詠了十二種花卉；孔孚〈帕米爾〉組詩以清冷空靈的筆觸，點化一個結晶般的世界；匡國泰〈一天〉以十二個時辰爲序，描繪山村與人情……等等，都是膾炙人口的組詩。

如果用政治體制來譬喻，則組詩就如同詩國中的邦聯制，有共同的、相通的歸趨，卻又能各自由地發展。這對初習新詩的學生來說，是有特別意義的。因爲剛接觸新詩寫作的學生，往往只能先從小詩入手，來磨練自己對新詩語言的初步掌控；但是小詩畢竟因爲篇幅上的限制，又常常不利於表達較爲龐大的事件、思想與意念，而且也擔心學生寫慣了小詩，反而變成一種限制，無法往長詩發展。因此，組詩就成爲這過渡時的最佳選擇了。

不過，因爲想到所面對的學生是稚嫩不過的新手，要求他們一下子要創作出兩首以上的新詩，恐怕是力有未逮；因此我在實行時稍稍作了調整：變成全班學生通力合作，一起來寫組詩。我的分配是這樣的：

一～十一號	十二～二十三號	二十四～三十五號	三十六～四十五號
春	夏	秋	冬
風	花	雪	月

當時是一個班寫「春、夏、秋、冬」，另一個班寫「風、花、雪、月」。學生一定要根據被分配到的主題來創作一首詩，如果文思泉湧，則四首全作當然更歡迎。不過要先跟學生說明的是：重質不重量，計分時只以寫得最好的那一首爲依據；免得學生誤以爲「沒有功勞、也有苦勞」，而寫了一堆「像散文的」詩。

底下所列，就是學生們通力合作，所創造出來的組詩：

四季組曲

春

小鳥和松鼠們鬧著沒完，
「吵什麼吵！」樹搖著身體抗議，
因為他正和年輕的花兒
——談戀愛（李士弘）

夏

綠色的音符
敲下了第一聲
交響樂就此展開
在樹上畫過旋律
滴滴答答
指揮的手越比越快

樂曲即將進入
熱情的快板（何東峯）

秋
總是帶著裝滿愁的行囊
來到世上
山見了她，白了頭
樹見了她，落了髮
詩人見了她，愁滿腸（陳永昇）

第三個
從赤道來的人
與我
在山中和杜牧同遊（陳介信）

花兒、樹兒收拾好行李

回家去了
冷清的街道上
紅著臉的楓葉
獨自地
找著玩伴（郭肇軒）

冬

寒冬拍擊著冰冽的羽翼
灑下銀白的信片
送給大家
安息之詩（王中俊）

動物已沈醉在夢裡
等待著鳥語花香的到來
而在這等待的當下
皆是一片

漠漠枯草
白了頭（謝智翔）

身著白色的女子
冷酷的表情
美麗
卻令人顫抖
可遠觀，而不可褻玩
投懷送抱者，
唯有死在睡夢中（穆可斌）

恐懼帶來了寒冷
希望消失於白靄
臘梅終將遺忘在
東神之手（賴峻偉）

學生大致上皆能抓住季節的特性來創作；不過，可能是因爲從小在作文範本中學習到太多「春、夏、秋、冬」的制式寫法，因此有許多未入選的詩作，都是以排比的方式，堆疊出一些景、事，使得文字拖沓、意象陳腐。

其實，就算選擇的是一用再用的意象，仍是可能推陳出新、自出機杼的。如同千百年來以花喻女人者比比皆是，千百年後肯定也是如此，但是「戲法人人會變，各有巧妙不同」，花與女人之間的千姿百態，仍是令我們稱賞不已。但是學生在訓練不足的情況下，要跳出這個框框，顯然是不太容易的。因此，要避免這樣的情況，除了在命題時可以更注意外，還可在指導學生時，强調一定不要用熟爛的事物，以及無謂的排比重章，這樣情況或許可以改善。

此外，我也請了平日即有寫詩習慣的學生，針對這個題目加以創作，其作品如下：

冬

風雪密密地織在她的髮莢間
無奈地　抖抖手
揮落成幾疊枯葉
而呼號的寒風是她沈沈的足迹
在灰色的早晨

在她飄起來的髮茨間
織著一種眺望的姿勢

春

陽光溫柔地繫在她的雙踝
輕盈的小調拍醒
各色飽滿的種籽
就連黑夜也柔軟可觸了
如一片親切的溫暖的海
在她就要飛起來的雙踝上
繫著一排列一排列金黃色的足印

夏

雨水滿溢在她的唇間
她熱情的唇
笑彎成一道虹

給了我們一條繽紛的河
可以過渡到涼蔭般的記憶
在她那紅炙的唇間
溢滿了隨汗珠滴落的笑語

秋

無瑕的晴空裹覆她的雙眼
並且帶著輕輕的吻痕：
卷雲如落羽排列
早晨裡第一道銀亮機翼
正掠過她暖色系的肩膀
而她不時以數著薄霜的手掩臉——
眼睫底下 傳出隱隱的洞簫（馬思源）

學生是否經過訓練，寫出來的作品是有差別的。這也證明了一件事：學生絕對具有可塑性，需要老師的巧手巧思加以雕塑；這不也是令人感到振奮的嗎？

風月組曲

風

你，總是這樣
輕輕地走過了（江惠乾）

呼嘯而過
沈寂的大地
頓時 搖曳生姿（王昶文）

一位旅行的隱者
只為平靜的真理
不停地走（吳俊慶）

居無定所的旅者

歷經千山萬水
走過無數朝代
難以捉摸
卻總在平靜的湖面上
留下了
短暫而美麗的足迹（李柏青）

繞過我身邊
「呼」一聲到了遠處
撩撥那長髮
將我的祝福
傳遞給她（尹子文）

花
短暫的妳
只有一秒的燦爛

一秒
卻已在我心中佔據了千年萬年（徐振偉）

慢慢悄悄
打開心房
美麗又清純地
接受溫柔的陽光（林書玄）

在不起眼的小角
努力成長
為的是
散佈芬芳（林昱銘）

不堪一擊的美麗（施逸昕）

雪

片片
隨風飄盪
唯有寒冷照出她的白
她的宿命，只有風（陳建宏）

月
只是默默地望著
笑著
你的睡相（鄭文楷）

月是一位醜姑娘
總是趁著夜裡
沒人看見
偷偷的跑出來（鐘少佑）
黑暗侵蝕大地

眾神慈悲，不忍
邪惡傷害眾生
乃打造
一把閃亮的鐮刀（賴宜平）

在這一組詩中，顯然是「風」與「花」的表現較佳。總的說來，學生最大的缺點仍是不知如何剪裁，因此在評閱時，往往會刪去三、四句乃至十句，只保留兩、三閃爍光彩的句子。所以在指導學生時，也許可以特別著重於此來說明。

整個評閱過程結束，對於學生的初次習作雖然不是十分滿意，但這樣的結果也是在情理之中；而且這個一起寫組詩的方法是很不錯的，在教學過程中偶爾採用，應能收到良好的效果；更何況學生還會特別有一種共同參與的感受，說不定和學生一起欣賞此次新詩創作成果時，還可以來玩個「排列組合」的遊戲，看不同的「春」、「夏」、「秋」、「冬」要怎樣連連看，或是哪一首「風」配上其他的「花」、「雪」、「月」，會出現特別好的效果，這應該也是很有趣的吧！

翩然尋夢

——從新詩習作看學生構思的角度

有一次，出了一個新詩題目：〈夢〉。學生以初生之犢的姿態，在文學天地裡紛紛地作起了屬於他們的「夢」。如果說「夢」是潛意識的窗口，那麼從學生對「夢」的描繪裡，或可窺見他們的心靈一隅。

有的詩作是從沈睡的狀態著眼來寫，這等於是夢的前奏曲：

瞬時
梅笛莎的詛咒
應驗在人們身上（柯俊廷）
哈欠連連

不禁旋入了催眠的隧道
迷迷糊糊
陷入了睡眠的泥沼裡（許志隆）

讓靜靜的心
安穩的
沈入深深的大海
漂流（阮紹峯）

而夢所特有的無拘無束、奔放恣肆，也是學生下筆的重點：

一股力量
在午夜
釋放了所有的想像（葉翔叡）
牠的羽毛幻麗而純潔

牠的眼睛深邃而寧靜
一隻能帶你／妳穿越時空的鳥（劉向桓）

太陽下的教室
如此的靜謐
但叼著垃圾的野獸
卻「叩、叩、叩」的奔馳著（陳立文）

有的學生則著眼於夢的破碎與荒唐，來鋪寫成一段詩句：

拼湊不全而又荒誕的故事
在隔天被作家用火燒去（黃書晟）

上映了
復古的黑白片
但不知是誰惡作劇

將它剪接得毫無邏輯（張育鐘）

一個過肩摔
被山摔落了山谷
猛然睜開眼睛（周政頤）

但是更多學生深刻感受到的是夢的補償與虛幻，而且常常用「夢——醒」之間的對照來强調：

想見妳
在寂寞的夜裡
遇見妳
在虛幻的國度裡
相遇（洪震岳）

壓抑的情緒

在黑暗中爆發
看似真實
卻是虛幻
天明時
一切煙消雲散（許榮凱）

這時的我，爬上高樓
用力一蹬
想要捕捉那火紅的太陽
可惜，差了一步
忽然，迅速墜落
——醒來（魯家恩）

走進了另一個次元
我是湯姆克魯斯
睜開眼

還有不可能的任務（蔡尚達）

也有學生針對夢與潛意識間的關聯來寫，而且敏銳地指出夢所反映的真實：

入睡後
感覺到真實的夢
醒來時
卻忘了夢的真實（莊皓博）

黑暗中
我的視線
竟穿透沈重的眼皮
看見光明（蕭世杰）

深夜

成羣疲倦
化為一絲絲
一幅幅
畫
望見
一個
兩個
三個
我
和心愛的鳥(翁浩正)

在潛意識作祟的夜裡
散落一地
是破碎的枷鎖(陳廷侑)
在無止境的走廊

找尋失蹤的真實（何瑋琦）

也有的詩作是描摹夢醒的剎那，彷彿休止符一般，爲這場夢畫下句點：

正看著一場戲
不自覺地，自己也成了演員
收工的鈴聲
是牀頭的六點整（王中俊）

看過學生的詩作之後，會發現學生十分善於從日常生活、自身經驗中取材，偶然也會融入他們所體會到的感想。當然，反過來講，傳統詩歌中所强調的「比興寄託」、「微言大義」，可說是付之闕如；而且，也可能是題目所限的關係，此次創作練習中，學生的構思範圍也止於個人而已。不過，說起來，這樣的現象也是相當自然的。

學生初習新詩之時，可說是主要憑感覺來寫詩的；而且青少年的感覺是新鮮的、未僵化的，正如含羞草一般，敏感異常。因此我們常常感受到他們正張開耳朵、聳起鼻子、亮著眼睛，他們的五官全部地放開，他們的心靈輕輕地躍動，他們笑、他們哭、他們生氣、他們悲傷……，他們沒有成年人的倦怠不耐，這世界對他們來說正新奇。

而這些，都可以化作詩句，歷歷地道出他們的心聲。

不過，如果只限於此，似乎又是不夠的。

只憑感覺來寫詩，是有限的。生命的深度不能只憑感覺來測量；詩也不能只是感情的氾濫而已。因此引導他們從景、事（具象）而透析到情、理（抽象），由感覺深入到感受，從小我走向到大我，是更爲長遠的路，但是非常值得努力。因爲，這不就是我們念茲在茲，期望學生能夠具備的「人文素養」嗎？

試談中學生新詩習作的批改

新詩教學在近年的中學教育裡愈發受到重視，不僅在課本中選錄的篇數增多，甚且於大學聯考試題中亦佔了一席之地。其實新詩原本就是現代文學中不可忽視的一支；而且在詩人們長期的努力之下，台灣詩壇交出了一張漂亮的成績單；更何況正值青少年期的學生們，感受力極爲敏銳，特別能體會詩歌之美。因此，新詩教學確實有其必要性與重要性。

不過，新詩教學可以不限於欣賞而已，事實上，若將教學的範圍擴大至新詩習作，會發現教學中多了更多的驚喜。稍微翻閱一下詩人的小傳，會發現很多詩人於十餘歲的青澀年華時，即已從事新詩創作，有些代表作甚至就在此時產生。我們雖不必如此期待學生們，但若能藉由習作，引領學生審視自己的心靈、激盪自己的潛能，這不也是一次美麗的探險嗎？而且在這樣的探險之旅中，往往可以拾掇到一些奇花異卉，令老師和學生們都感到非常的快樂。

既然已經要求學生習作，就必然需要加以批改。學生的習作通常清新而敏銳，但也有一些毛病是他們常常犯的，繁冗蕪雜是其中最大的一項；因此在習作之前，我會先要求他們盡量刪減，留下的務必是最精練的字句。但學生往往力有未逮，詩作中仍有許多需要改正的地方，而這些缺點大致上有下列幾項：

一、該分行（節）而未分行（節）

分行書寫是新詩的一大特徵，而且與詩意的鋪陳、轉折，甚至聲音的節奏都有密切的關聯，所以何時該分行就是一個必須要注意的問題，學生有時並不能把握得很好，所以需要老師提醒。

譬如洪震岳的〈夢〉：

想見你
在寂寞的夜裡
遇見你
在虛幻的國度裡相遇

這首詩抒寫的是典型的少年情懷，從「想見你」到「遇見你」，輕輕點出「夢」的補償和虛幻。不過最後一句的「相遇」二字，最好提上來另成一行，才能强調出「相遇」時又驚又喜的感覺。

另外如連恩立的〈都市一景〉則是另一種情況：

公車低鳴
機車尖叫
撕裂巷口的
寧靜
椅上老叟
孤寂
荒涼

這首詩很明顯地分成前後兩個部分，一動一靜，有意地形成對比，因此，爲強調出這個效果，前四句和後三句之間應該空出一行，使這首詩成爲兩小節的形式。此外，末二句太過顯露，可以改爲「默對／長空」，留給讀者品味的空間。

二、冗字和冗句

在練習新詩習作時，雖然已經要求學生盡量精簡字句，但在「能用一個字表達，絕不用兩個字」、「用這個字最好，絕不用另外一個字」的標準下，新詩習作刪改的空間還是很大的；而這也往往是老師批改時最常碰到的問題。例如鍾享恆的〈愛情〉：

牽繫彼此關懷的線
剝去玫瑰和誓言
仍舊堅韌無比

這首詩所欲表達的是堅貞的愛，使用的意象相當不錯，唯一可以刪裁的部分，是第一句的「關懷」二字。因爲「牽繫彼此的線」已經可以將意思完整的傳達，多出二字並無必要，而且顯得淺露，刪去爲宜。

還有林宜屏的〈喜悅〉：

我的喜悅，
從杯底緩緩上升，
PV＝K
愈來愈大，

剎！一聲，
分享給全世界。

此詩巧妙地將杯底泡沫比擬成喜悅，並且將泡沫的膨脹與喜悅的漸增結合得天衣無縫，而篇末的「剎」既可模擬聲音，又能兼顧到意義，所以看到最後「分享給全世界」時，我們似乎都沾染到了自作者心中噴湧出來的喜悅。不過第五句卻有兩個冗字，那就是「一聲」二字，刪去之後，全詩的意象變得精練，而節奏也顯得輕快許多。

而張育鐘的〈夢〉則是有冗句需要刪裁：

上映了
一部電影
復古的黑白片
但不知是誰惡作劇
將它剪接得毫無邏輯

很明顯的，第二句和第三句是重複的，因此只要保留第三句即可。如此一來，夢的無色彩、夢的不可理喻，可以更簡練地被傳達出來。

三、詩意太過顯露

新詩往往要求「語近情遙」、「不著一字，盡得風流」的美感，而且這種優美的感受是最爲迷人的。所以學生的新詩習作若是犯了詩意太過顯露、沒有餘味的毛病，那就一定要加以糾正。通常最常發生的情況是題目所用的字眼，在詩中又再次出現；雖然名家偶然也會刻意地如此安排，但初學者最好要避免。我們可以看一看劉向桓的〈夢〉，就可以瞭解這種情況：

牠的羽毛幻麗而純潔
牠的眼睛深邃而寧靜
一隻能帶你／妳穿越時空的鳥——夢

這首詩是用「鳥」這個意象來比擬「夢」的不受拘束，算是頗爲貼切；但最後一字「夢」實屬多餘，完全破壞氣氛，所以必須要刪掉。

此外，我們還可以看一首吳昀東的〈流水〉：

凝望烽火台上的影子，
驚雷一般的，
石頭、葉子都靜止了，
掉入微波中的星星，
流水無情，
帶走了孤獨人的夢。

作者的心思極爲敏銳纖細，善於營造氣氛，這種幽微的情調，實在太令人著迷了。不過「流水無情」一句，顯得俗氣，也失去了含蓄的韻味，删去之後會顯得好很多。

四、意象不夠精緻、貼切

詩歌常以具體的形象傳達抽象的情思，因此意象的適切與否關係詩作的良窳甚大。學生的新詩習作中常出現新鮮的意象，但有時控制得不是很好，需要再加以潤飾。譬如楊漢一的〈都市一景——流浪漢〉：

骯髒的身軀

在結凍的牆角

瑟縮

作者用流浪漢蜷縮牆角的形象，强烈地傳達了都市的冷漠與疏離。但是若將詩句修改成這樣：「骯髒的身軀／在牆角／結凍」，冰冷的感覺如同自紙背絲絲透出一般，更具有震撼力。

而楊漢一的另一首組詩〈南京大屠殺〉，表現更爲精采，但是還是有可以潤飾的空間：

（一）渴血

刀影晃動

赤紅的雙眼中

只有

尖叫的人頭

（二）嚇

恐懼

欲

奪眶而出

衝破
兩顆凸起的黑水晶

（三）輓歌

大火蔓延在
嗚咽的秦淮河

在〈嚇〉的那一首中，前三句的意象非常突出，把即將被屠殺的南京人民恐懼得雙眼暴凸的情景，用文字、用字體特殊的排列，鮮明地傳達出來；相較之下，末二句顯得多餘、冗贅，應該刪掉，如此意象才會更加精緻，力量也才會更加集中。

又如蘇建雄的〈都市一隅〉：

瘋了的引擎聲
衝過疲憊的神經末梢
躁鬱在車站上沸騰

作者欲藉車站一景刻畫現代人的焦慮，題材的選取不錯，但卻經營得不夠精緻。若是將此詩改成這樣：「瘋了／引擎大喊／衝過疲憊的神經末梢／躁鬱／在處處沸騰」，不是好得多嗎？可見得新詩習作時對光是選擇意象還不夠，要更進而雕琢意象，使其精練而醒目，這才算稍稍具備了寫新詩的火候。

五、未講求聲音之美

一首新詩在聲音上的美感也是需要注意的。要造成美好的音韻，通常可以藉由押韻和節奏來達成。在古典詩歌中，因爲對韻腳和平仄的規定，而達成聲音的協暢和錯落；但新詩的形式是自由的，因此要使詩歌的聲音好聽，全憑作者的慧心巧思，並沒有一定的規則可循，不過「整齊中求變化，變化中求整齊」應是不變的考量，尤其要注意的是：應以更好地表達詩意爲最高原則。我們可以用黃兆崧的〈愛情〉做個說明：

糖醋罐子裡
浮沈釀著
青澀果子

全詩短短三行中，後面兩句就同是四字，不免予人單調重複之感，因此第二句可以改成「浮沈著　釀著」，感覺上節奏錯落有致多了。

另外吳華恩的〈喜悅〉在聲音上則是以押韻取勝：

心頭開始強烈的振盪，
血液如開水一般的滾燙，
眼中射出自豪的光芒，
嘴中忍不住地想要大聲歌唱。
這一切的一切，
都是因為心中的喜悅。

詩作最末二句表達的不夠含蓄，也拖垮了全詩的節奏感；因此刪去之後，改成「爲什麼會著樣？／爲什麼會這樣？」。如此處理之後，全首詩押的就是清亮的「ㄤ」韻，在心中默誦時，真會覺得喜悅之感漸次湧出。

六、未能設計出適合的外形

新詩形式的自由也表現在外形上；不止詩的行數可多可少、句子可長可短，甚至也可以做上、下、左、右、大、小……等特殊的排列、變形，這等於給創作者另一個展現創意的空間，所以新詩中有一類「圖像詩」，就是著眼於此而發展出來的。在指導學生創作新詩時，也可以提醒學生這種方式，因為訴諸感官的刺激，對詩意的傳達是直接而有效的。例如楊漢一的〈無助〉就可以利用簡單的文字排列，造出新的趣味：

酒瓶在礁石羣中
浮沈著

這首短短的詩若改成：

酒瓶在礁石羣中
　　　沈
　浮

「沈」、「浮」二字一下一上地排列，模擬的就是酒瓶沈浮的景象，而這樣的視覺刺激，會不會留給人比較深刻的印象呢？

而甄家明的〈都市一景〉對詩的外形有著特殊的設計：

矛頭
直指向上
天空的莫大威脅
高處浮游的
是山嵐
還是……

仰望高樓尖塔
我似在
竭力思索什麼

這首詩的前幅特意以下緣齊平、上端凹凸錯落的形式，模擬出城市中高樓櫛比鱗次的景象；而後幅又以第一、三句較高，第二句凹下的排列，令人聯想到「我」仰望高樓的神情。這樣的設計可以說是相當成功的。

還有一個學生鄭達緯別出心裁地，以〈流水〉爲題創造了一首圖像詩：

水
水
水
水
水
回到了
大海的懷抱

這不是能造成一種不同的、特殊的效果嗎？

*
*
*

當然，並不是經過修改的新詩習作，就已經是十全十美的作品，這是不可能的，也不應如此要求；新詩批改只是指示學生：他們可以從哪些方面來努力，使自己的新詩創作更加成熟一點。這樣，就已經足夠了。

以上作爲範例的詩篇，都是筆者指導學生在課堂上完成的；而筆者發現：訓練學生創作新詩，其收穫不只是在新詩方面而已，對於學生的散文寫作能力，同時具有很大的促進作用。因爲中等程度的學生大約已可寫出尚稱通順的文章，但也就僅止於此了，就好像一杯白開水般，淡而無味；但新詩的欣賞與創作，非常有助於學生造出較爲精警的句子，這等於大大提高了學生的作文能力。不過，最大的收穫當然是學生因此更親近了文學；我們希望這份感動可以存在學生心中，時時地、起著一種美麗的震顫。

下在我眼眸裡的雪

——八十九學年度成功高中文藝新詩獎評介

八十九年十一月二十一日中午，謝蓮芬老師、范曉雯老師與我在數學研究室中，一同評閱此次成功文藝獎新詩組的作品。我們的心情很愉悅，因爲此次來稿不僅件數多，其中也不乏亮眼之作。最後決定出第一名有兩篇，第二名一篇，第三名兩篇，佳作五篇。

步出數學研究室，腳步與心情都是輕快的。好的作品就是引人喜愛，更何況是出自學生之手呢！讓身爲老師的我們說不出有多欣慰了！在喜悅之餘，於是動念爲此次新詩獎寫一評介，也算是對學生的一點小小鼓勵。

此次表現得最令人稱許的，當屬廖宏霖了。他交來三篇詩作，其中有兩篇並列第一，另一篇則被評爲第三。以下兩篇就是他在此次新詩獎中掄元的作品：

聽雪／廖宏霖

額前一場極為陌生的雪

飛散飄過驕傲的鼻尖
如點點清冷的吻
旋即融化在我半啟的唇
而多事的耳擅自
收拾起一地鏗鏘的落葉聲

閉眼聽雪
在我自己多顏色的恍惚裡
那些微小的音波
不知何時已成為筆筆疏淡的線條
迅速地勾勒一付
疑懼的臉孔

跫音時而響徹只有我的迴廊
沈默，卻帶來一聲長長的喟嘆
那時太陽西斜將近入海

影子滯重得使我裹足不前
細瘦的手跌落光束之外
誰從海上來？
見證一場下在我眼眸裡的雪

結構分析表

- 淺
  - 知覺
    - 張眼
      - 視：「額前一場極為陌生的雪」四行
      - 聽：「而多事的耳擅自」二行
    - （閉眼）聽：「閉眼聽雪」三行
  - 心覺（疑懼）：「不知何時已成為筆筆疏淡的線條」三行
- 深
  - 知覺
    - 聽：「跫音時而響徹只有我的迴廊」二行
    - 視：「那時太陽西斜將近入海」三行
  - 心覺（孤獨）：「誰從海上來」二行

作者自言這是暑假清晨醒來，突有所感，迅速寫下的一首詩。

全詩可分成兩大部分。前二節寫睜眼、閉眼間，雪的痕迹印在心版上，遂湧起莫名所以的疑懼。末節順勢遞深．疑懼裡，所聽者爲長聲喟嘆、所視者爲乏力之影；疑問升起，蒼涼擴大……。

毫無問題的，「雪」在此詩中顯然是一個最爲重要的意象，雪的冷寂、雪的孤高、雪的飄忽不定，在這首詩中得到最好的詮釋，而且，也反過來詮釋了這首詩。雪不可聽，而言聽雪（移覺），作者心思之纖細敏銳自可想見；唯此種心思只可自己意會（甚且自己也無從捉摸），極高之處遂有不勝寒的落寞。「誰從海上來？」海之虛渺，正如知音之虛渺；誰來見證一場下在我眼眸裡的雪呢？

歸去／廖宏霖

清晨，歸去的途中，我拭淚
腳步仍惺忪彷彿印在依稀的夢中
不期然遇見一名和善的傳教士
和我說著上帝的事——
他說他叫Albert
而我笑著回答：「我也是」
他說他相信上帝
而我握住自己，黯然

低頭不語

黃昏，歸去的途中，我拭淚
疲軟的視線盼不過空虛一片
站在廢棄的廣場前
鎮定地和一百個有著相同臉孔的人擦身而過
然後再在餘暉的同情與憐憫下踏著
一條殘破不堪的古道——我厭惡的碎石子路
攜帶淺淺的睡意往黝暗處走去
且神色也淡漠如一未經渲染的畫布那樣
無可奈何地垂吊著

子夜，歸去的途中，我拭淚
四周一片寂靜
我以為我聽見教堂的鐘聲
但沒有

也許星光是並不存在的　在這夜裡
就像我無法窺見熟睡中的自己
而我依舊不善於在黑暗中摸索
只是悄悄地貼壁屏息
以至於青苔長過了唇邊
我忘了我的聲音

結構分析表

- 先
  - 點：「清晨，歸去的途中」
  - 染
    - 果：「我拭淚」
    - 因：「腳步仍惺忪彷彿印在依稀的夢中」八行
- 中
  - 點：「黃昏，歸去的途中」
  - 染
    - 果：「我拭淚」
    - 因：「疲軟的視線盼不過空虛一片」八行
- 後
  - 點：「子夜，歸去的途中」
  - 染
    - 果：「我拭淚」
    - 因：「四周一片寂靜」九行

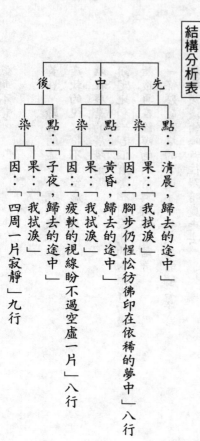

此詩題爲〈歸去〉，述說的卻是「追尋」。

作者在三節的第一句都刻意地安排類似的句型以作爲呼應，並且藉此先「點」出時、地來，同時時間由「清晨」而「黃昏」而「子夜」，暗示追尋之恆久。

拭淚？爲何頻頻拭淚？在首節中，作者即提出「相信」，但卻是笑著回答而表情黯然；次節渲染出一片空漠的氣氛，腳步疲軟、心緒低沈；最末一節中，「我以爲……」、「也許……」、「就像……」，依稀透露出作者心中的深深企盼，然而由於「不善於在黑暗中摸索」，因此只能貼壁屏息，讓青苔長過唇邊、淹沒所有聲息。

作者，遂頻頻於拭淚了。

「我忘了我的聲音」，沒有聲音的聲音。這是作者對生命無解習題的聲聲叩問。

從這兩篇詩看來，作者的文字極富魅力，引人神往。不過〈聽雪〉一詩中，「閉眼聽雪」句似可刪除，一方面更含蓄不露，再方面對「聽」雪的描摹可融合爲一。而〈歸去〉的第三節與前、後對照之下，顯得濁重，情緒的渲染太濃，可以嘗試鍊出更凝鍊清晰的形式。儘管如此，作者的才情是令人驚艷的。

張君豪的〈水銀〉賦予「水銀」鮮活的生命、深刻的寓意，值得再三品味，在此次新詩獎中榮獲第二：

水銀／張君豪

我的雙眼就這麼專注地盯著妳……

妳是宙斯天庭判入凡間的女神　高傲尊貴的化身
塵世間的一切都與妳格格不入
妳是柔美婉約的礦石如淚一般晶瑩澄亮的
被風輕覆在妳的溫柔之上
妳沒有流水那麼容易臣服於大地
從高峯跌入谷底，竟是
一顆顆不願投降的碎裂　碎裂成
一粒粒比荷葉上的晨露更貴重更華美的珍珠

而華氏九百度便是妳回到奧林匹克山頂的諭令
這沾染了灰霧的土地不適合妳生存
妳是誤入凡塵的天使
最後只能屬於自己的靈魂

也許在那冰冷的化學試管瓶裡的妳不知道自己的身世
單純地以為自己就是火山岩內辰砂之中的小小元素
唯一不同的是大地忘了賦予妳一副堅實的軀殼
不經意就會消散在輕風林梢間
還有最最沈重的密度——13.6g/cm3
噢！不！那只是妳在人間的偽裝啊！
闔上眼，彷彿看到妳褪去了冰冷
緩緩上山……

結構分析表

- 實（張眼）：「我的雙眼就這麼專注地盯著妳……」
- 虛
  - 敘
    - 目
      - 液狀：「妳是宙斯天庭判入凡間的女神」八行
      - 氣狀：「而華氏九百度便是妳回到奧林匹克山頂的諭令」八行
    - 凡：「還有最最沈重的密度」一行
  - 論：「噢！不！那只是妳在人間的偽裝啊！」
- 實（闔眼）：「闔上眼，彷彿看到妳褪去了冰冷」二行

「汞」，百科全書如是說：「一種過渡元素。……元素態是一種具銀白光澤的液體，俗稱水銀。爲常溫下唯一呈液態的金屬元素。」作者挑選這樣的物質作爲描述的主體，隱約間即已透露出意念的趨向。

詩篇一開始，從實境敍起（第一句），其後二節遁入虛境，佔了全詩絕大部分的篇幅。作者在此幻設水銀液狀、氣狀的不同身姿，而這與衆不同的身姿乃是來自於水銀絕高的密度，作者並發出僞裝於人間的感嘆。最末二行，迴入實境，作者闔眼，水銀卻依稀在目……。

在詩中，作者著力刻畫水銀的種種美好——液體狀的、氣體狀的，而這種種的美好都來自於——堅持（最最沈重的密度）。啊，堅持。我們彷彿瞥見作者年少銳氣的眉宇間，所流露出的、淡淡的執著。

不過，詩句的鍛鍊未臻圓熟，是一個蠻明顯的缺點，尚待作者努力。

黃冠智的〈新醅〉是首清新小品，讀來毫無負擔，卻有悠然餘韻，因此獲得評審老師一致的青睞，選爲第三。

新醅／黃冠智

溫暖與濕度的掌控

是過去熱情莽撞的我
無所顧慮的
直到喝盡一罈又一罈
酸澀的醋後
終於釀出
浮著月光和桂花香的
一碗月色

結構分析表

昔：「溫暖與溼度的掌控」三行
今
　因：「直到喝盡一罈又一罈」二行
　果：「終於釀出」三行

這是一首可愛的詩。一碗新釀成熟的過程，不就暗示了作者的成長？全詩由昔而今縷縷細述，成熟（成長）的滋味，由酸澀而甜美，點點滴滴都在心頭。整首詩並不複雜深沈，卻別有明朗溫馨的韻味，令人眉開心喜。

雨夜星河的〈妳說〉在這次新詩獎中衆多寫情的作品裡，異軍突起，榮登佳作。作者輕巧的筆觸，輕輕巧巧地觸動了每個人心底的那根弦：

妳說／雨夜星河

妳說，妳愛虹
於是
我造了最美的虹
只為妳

妳說，妳愛流星
於是
我帶來最閃耀的流星
只為妳

而妳說，妳愛他
我扮成了他

渴望
得到妳的愛

結構分析表

- 賓
  - 一（變虹）：「妳說，妳愛虹」四行
  - 二（變流星）：「妳說，妳愛流星」四行
- 主（變成他）：「而妳說，妳愛他」四行

作者在第一、二節引入虹、流星這兩個並不罕見的意象，而且遣字鍊句也不特別精緻，僅僅是作爲陪襯而已（賓）；但最末一節輕輕一翻，卻毫不費力地翻轉出一個鮮活新境（主）。可說是用平常語道心中事，引得所有有情人爲之同聲唏噓。作者能在平淡中造出新意，篇幅雖小卻有波瀾，筆力不可小覷，只列爲佳作，實在委屈了一點。

馬思源的〈夾縫〉書寫掙扎，引人低迴：

夾縫／馬思源

嘆息與落髮在我右側

左側一片空無
我不斷肢解自己，像
一根枯枝在木塊中旋轉，摩擦
遠山日薄，金黃的風悼念焦黑的今日

微笑和冷漠在我右側
跳躲的眼神急速奔離彼此的光芒
左側一片陰暗
我不斷在脈動的瞬間
摘下面容，質疑神情

歌聲與啜泣在我右側
浪子拖著比影還短的自憐
在異地嚼著愛人的名字
左側一片闃靜
我不斷憑著聲響拼湊天空一隅

感知和謎語在我右側
我不斷開門　走向另道門
當荒謬猝然再生
無門之門成了最後的謎
左側一片虛幻
嘆息與落髮在我右側
左側，左側一雙無形的手
默默拉引我　在瘦狹的眉間打開一扇亮窗……

結構分析表

- 反
  - 一
    - 賓
      - 右：「嘆息與落髮在我右側」
      - 左：「左側一片空無」
    - 主：「我不斷肢解自己，像」三行
  - 二
    - 賓
      - 右：「微笑和冷漠在我右側」二行
      - 左：「左側一片陰暗」
    - 主：「我不斷在脈動的瞬間」二行
  - 三
    - 賓
      - 右：「歌聲與啜泣在我右側」三行
      - 左：「左側一片闃靜」
    - 主：「我不斷憑藉聲響拼湊天空一隅」
  - 四
    - 賓（右）：「感知和謎語在我右側」
    - 主：「我不斷開門　走向另道門」三行
    - 賓（左）：「左側一片虛幻」
- 正
  - 賓
    - 右：「嘆息與落髮在我右側」
    - 左：「左側，左側一雙無形的手」
  - 主：「默默拉引我　在瘦狹的眉間打開一扇亮窗……」

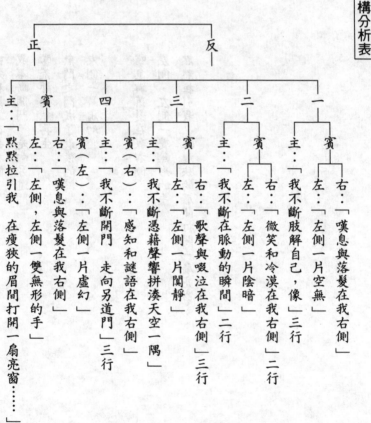

作者以右、左的配置凸顯出夾縫來，是全詩的重點所在。

全詩分五節，前四節以右側的方向、分別從不同的點切入，寫掙扎：在捨與不捨間掙扎、在溫暖與疏離間掙扎、在愛與不愛間掙扎、在清醒與未知間掙扎……，而左側一片空無、陰暗、闃靜、虛幻……，不確定的恐慌湧上，行將滅頂於不確定的恐慌……。然而這些全都是「反」，作用在爲最末一節蓄勢。

最末一節的第一句回應首節，企圖造成首尾圓合的效果；並且前兩句仍保留「右、左」的形式，以呼應全篇。但這些仍不是重點所在，作者全力重擊的是最後一句：「默默拉引我 在瘦狹的眉間打開一扇亮窗……」，「瘦狹的眉間」是另一道夾縫，唯這道夾縫中隱約透出一線天光，留予人多少希冀。

全詩詩思緊致，微有可議處，便是對右、左的處理稍嫌僵硬板滯，應可尋求更富藝術性的處理手法；若非如此，則此詩置入前二名中，當無愧色。

黃冠智的〈桑田．滄海〉名列佳作。此詩以寬闊的心胸面對外來的傷害，態度從容、筆致疏淡：

桑田．滄海／黃冠智

不要叫醒不要驚動我所親愛
讓她自己情願——所羅門王

我一直以為
莊稼在那時候該已成熟
風雨卻不止飄搖
撇落一身尚青的籽
瘦薄的骨桿便在寒冽中枯萎
不捨是一道傷口　淚腺上
一段不設防的海岸線
桑田滄海
面對夜空星辰的閃亮
我竟不好意思提起悲傷
直到又一年的夏末

濕汗蒸發後
驀然嗅到
曾經飄零陰濕的那地
鋪滿稻花稻浪
笑渦微泛　輕傾吐吶
在秋日禾風的搖籃裡
我沈沈睡去

結構分析表

- 反
  - 因（事）：「我一直以為」五行
  - 果（情）：「不捨是一道傷口　淚腺上」五行
- 正
  - 因（物）：「直到又一年的夏末」五行
  - 果（人）：「笑渦微泛　輕傾吐吶」三行

作者一開始所引的所羅門王的一段話，給了全詩一個悠然的引子。

首節從去年夏天的一個災害敘起（地震？颱風？），其後第二節緩緩訴說——不捨、悲傷，以及比不捨、悲傷更恆久的什麼。而這些在全詩中起著反襯的作用，以凸顯出末節來。

在最後一節中，我們看到：什麼是傷痕呢？作者在此營造出的溫暖情境，讓淚水蒸發、傷痕癒合，萬物沈沈睡去。這種悠遠輕揚的感受，真是太迷人了。

＊　＊　＊

年輕的聲音自有其悅耳的質地。綜觀此次新詩得獎作品，各有其殊異的新姿，有些作品甚且在語言的錘鍊、詩思的鎔鑄上已有不錯的火候；而且題材廣闊，展現出青年學子所思所感不限一隅。這些都是令人感到快慰的。

本文嘗試以章法（結構）的角度來切入，企圖理清作者所執以構思（儘管並不自覺），讀者所執以欣賞（儘管也並不自覺），「人同此心、心同此理」的那個「理」；期望藉此形式的探究，能更深入於作品的內蘊。而且更進一步地，能由「不自覺」而進於「自覺」，起著輔助創作、引領鑑賞的作用。

年輕的聲音是多麼悅耳啊。我們側耳，仔細聆聽，私心中，彷彿又在期待著什麼……

新詩課後作業設計方式舉隅

在進行範文教學時，老師們常常旁徵博引，提供許多課本上沒有的資料、教材，希望學生能觸類旁通，既可有助於對範文的領略吸收，還可以將學習的領域拓得更廣。新詩教學當然也不例外。

雖然目前的國、高中課本中，選錄的新詩已經比以前多得多了，但是熱心的老師們總是有不足之感；一方面覺得學生對新詩的認識嚴重欠缺，因此對範文的領略也有限，再方面也總希望學生能有多一點的機會，多接觸一些精緻雋永的新詩，多感受一些文學之美。此時，若能設計適合的課後作業，將會收到很好的效果。

通常，新詩課後作業的設計方向，大概不外於加强學生對內容的掌握，或是重要藝術技巧的探討，以及對作家的深入瞭解，更進而可以讓學生練習創作。實施方式可分成書面或口頭報告；而作業的完成也可以是一人之力，或是分組進行；甚至老師也可以設計活動，就在課堂上帶著學生進行。這些都可以靈活地視情況來運用，相信都可以得到良好的成效。

不過，這些都不必急於在一次範文教學中完成；而是應該分散開來，進行長期的、分次的規劃，這樣，學生和老師的負擔才不會太重，而且分散式學習的效果也比較好。

底下，就從自身的經驗出發，以當今國、高中新詩課文爲例，試著談談新詩課後作業可能的設計方式：

一、國中部分

國中六冊國文課本中選了四課共五首新詩，而前三冊選修本中，也選了九篇新詩（見附錄），這樣的比例比起以前來，已經增加許多了。因此老師只要有心，就可以透過良好的規劃，慢慢地把學生們帶入新詩的天地裡；而且還可以逐步地訓練學生寫一些精緻點的句子，培養他們的能力與成就感。經過這樣的蘊蓄積累，說不定學生在新詩的欣賞與創作兩方面，都可以有長足的進步呢！

不過，因爲國中生的文學素養尚待培養提昇，因此這一階段的新詩課後作業，應該是先著重「讀新詩」，然後再進行「寫新詩」；而且多用帶活動的方式，並巧妙地運用各種教具（例如美麗的繪本、具有意義的照片、各種實物……等等），應該是更能引起學生的學習動機的。

◎國中國文第一冊第一課就選了楊喚的〈夏夜〉，這首豐富美麗、充滿童趣的詩歌，的確非常值得介紹給學生。其原詩如下：

蝴蝶和蜜蜂帶著花朵的蜜糖回家了，
羊隊和牛羣告別了田野回家了，
火紅的太陽也滾著火輪子回家了，
當街燈亮起向村莊道過晚安，
夜就輕輕地來了。
來了！來了！
從山坡上輕輕地爬下來了。
來了！來了！
從椰子樹梢上輕輕地爬下來了。
撒了滿天的珍珠和一個又圓又白的玉盤。
朦朧地，山巒靜靜地睡了！
朦朧地，田野靜靜地睡了！

只有窗外瓜架上的南瓜還醒著，
伸長了藤蔓輕輕地往屋頂上爬。
只有綠色的小河還醒著，
低聲地歌唱著溜過彎彎的小橋。
只有夜風還醒著，
從竹林裡跑出來，
跟著提燈的螢火蟲，
在美麗的夏夜裡愉快地旅行。

它的課後作業至少可以設計成下列的幾種面貌：

一

請將楊喚的〈夏夜〉與綠原的〈小時候〉作一比較，然後回答下列問題：

小時候

我不認識字
媽媽就是圖書館
我讀著媽媽——

有一天
這世界太平了
人會飛……
小麥從雪地裡出來……
錢都沒有用……

金子用來做房屋底磚
鈔票用來糊紙鷂
銀幣用來飄水紋……

我要做一個流浪的少年

帶著一只鍍金的蘋果
　一只銀髮的蠟燭
　和一隻從埃及國飛來的紅鶴
旅行童話
去向糖果城的公主求婚……

但是
媽媽說
現在你必須工作

1楊喚〈夏夜〉採用的是「順敍」法，與綠原〈小時候〉的時間安排有何不同？請試著指出來。
2這兩首詩都是用孩子的語氣來寫作，你比較喜歡哪一首？爲什麼？

綠原生於一九二二年，崛起於四十年代，而楊喚則是生於一九三〇年，在五十年代大放異彩；自來論者都認爲不論在精神上、語法上，楊喚均根源自綠原（參考楊昌年《新詩賞析》和張默、蕭蕭編《新詩三百首》（上、下））。因此，將此二家的詩做一小小的比較，當然是很有趣的事。題目1問的是時間的設計，楊喚一詩從「夜來前」寫到「夜來時」、再寫到「夜來後」（參考陳滿銘《文章結構分析——以中學國文課文爲例》），時間的流動是順序的；而綠原一詩，中幅：「有一天……去向糖果城的公主求婚」，其時間則是拉向未來，整首作品的結構是「實——虛（未來）——實」。因此兩首詩的時間設計是不同的。而題目2則可讓學生自由發揮，不過希望學生能講得明確一點：喜歡什麼句子？他的感覺如何？

二

楊喚〈夏夜〉用到了許多轉化格中的「以物擬人」，其他詩人的詩篇也多用到此種修飾方式，譬如：

細雨始終彈奏著蘆花大地（唐捐〈始終細雨〉（節選））

進入草堂
首先迎向我的
竟是從後院躡足而來的一行青苔（洛夫〈杜甫草堂〉（節選））

飲盡了這一天
五味雜陳的
烈酒之後
黃昏醉了

它把一張艷紅的臉
朝著
遠山那挺得高聳的胸脯
埋首
睡去（向明〈黃昏醉了〉）

請你也以「樹」、「風箏」爲主題，將它們擬人化，並造出句子來。

這個題目頗適合在課堂上抽出十至十五分鐘的時間，以帶活動的方式來進行。可以要求學生將想出的句子寫在黑板上，大家一起來欣賞；或者用小組競賽的方式，大家來比畫一下，相信全場一定是「熱鬧滾滾」、快樂有勁！

三

天上的市街／郭沫若

遠遠的街燈明了
好像是閃著無數明星。
天上的明星現了，
好像是點著無數街燈。

我想那縹緲的空中，
定然有美麗的街市。
街市上陳列的一些物品，
定然是世上沒有的珍奇。

你看，那淺淺的天河，

定然是不甚寬廣。
我想那隔河的牛女，
定然能夠騎著牛兒來往。

我想他們此刻，
定然在天街閒遊。
不信，請看那朵流星，
是他們提著燈籠在走。

1此詩也是描寫夜晚，請問和楊喚〈夏夜〉最大的不同點在哪裡？

2「隔河的牛女」用到了什麼典故？請試著說明。

楊喚〈夏夜〉多著眼於地面上的景物，來描寫夏天的夜晚；而郭沫若〈天上的市街〉則主要是描寫夜晚的天空中美麗的羣星。此外，「隔河的牛女」用了牛郎織女的典故，使此詩染上了古典浪漫的氣氛，並與自然的星象（銀河、流星）結合起來，使得寂寥的夜空生動許多。

四

讀畢〈夏夜〉一詩，宛如一幅優美的圖畫展現在眼前。可以請同學們帶自己最喜歡的美麗的圖片、海報、畫冊來到學校，花費大約二十分鐘的時間，大家一起分享；或由老師提供、展示，大家共同欣賞、發表意見。

然後由老師依據討論所得，指定主題，或分小組，或採自動發表的方式，一個接一個，來玩一玩「詩句接龍」。所想得的詩句直接寫在黑板上，優劣不論，鼓舞學生的創作欲才是最重要的。一節課下來，肯定學生對「新詩」不再那麼望而生畏、敬而遠之。

目前市面上許多優美的繪本，如幾米《微笑的兔》等等，都很適合拿來當作教具。當然，如果能夠挑選適合的新詩，搭配上意境契合的圖畫，來介紹給學生，對習於圖像的e世代學生們，相信也是一個很好的引導方式。

◎余光中〈車過枋寮〉出現在國中課文第二冊，這首詩充滿了對台灣農村飽滿生命力的詠嘆，其原詩如下：

雨落在屏東的甘蔗田裡，
甜甜的甘蔗甜甜的雨，
肥肥的甘蔗肥肥的田，
雨落在屏東肥肥的田裡。

從此地到山麓，
一大幅平原舉起
多少甘蔗，多少甘美的希冀！
長途車駛過青青的平原，
檢閱牧神青青的儀隊。
想牧神，多毛又多鬚，
在那一株甘蔗下午睡？

雨落在屏東的西瓜田裡，
甜甜的西瓜甜甜的雨，
肥肥的西瓜肥肥的田，
雨落在屏東肥肥的田裡。

從此地到海岸，
一大張河床孵出
多少西瓜，多少圓渾的希望！
長途車駛過纍纍的河床，
檢閱牧神纍纍的寶庫。
想牧神，多血又多子，
究竟坐在那一隻瓜上？

雨落在屏東的香蕉田裡，
甜甜的香蕉甜甜的雨，
肥肥的香蕉肥肥的田，
雨落在屏東肥肥的田裡。
雨是一把濕濕的牧歌，
路是一把瘦瘦的牧笛，
吹十里五里的阡阡陌陌。
雨落在屏東的香蕉田裡，

胖胖的香蕉肥肥的雨，
長途車駛不出牧神的轄區，
路是一把長長的牧笛。

正說屏東是最甜的縣，
屏東是方糖砌成的城，
忽然一個右轉，最鹹最鹹，
劈面撲過來
那海。

此詩內容、形式均富特色，至少可以有如下的切入角度：

一

余光中的詩節奏流暢，對聲音的掌握極為重視。〈車過枋寮〉即以疊字、排比、押韻……等等手法，將全詩處理得輕快如歌，很能烘托出甜美豐足的詩境。請你閱讀余光中其他的作品：〈鄉愁四韻〉，並說一說你的感覺：

鄉愁四韻

給我一瓢長江水啊長江水
酒一樣的長江水
醉酒的滋味
是鄉愁的滋味
給我一瓢長江水啊長江水

給我一張海棠紅啊海棠紅
血一樣的海棠紅
沸血的燒痛
是鄉愁的燒痛
給我一張海棠紅啊海棠紅

給我一片雪花白啊雪花白

信一樣的雪花白
家信的等待
是鄉愁的等待
給我一片雪花白啊雪花白
給我一朵臘梅香啊臘梅香
母親一樣的臘梅香
母親的芬芳
是鄉土的芬芳
給我一朵臘梅香啊臘梅香

這首作品溶進了民歌的聲籟，音樂性極强，學生應該會有感覺。而且這個題目很適合讓有興趣的同學趣蒐集資料、錄音帶，來爲班上作一場有聲有色的報告。

二

1余光中〈車過枋寮〉乃是從味覺切入來描寫，「由甜而鹹」的轉變中，順便帶出了帶出了甘蔗、西瓜、香蕉等物產，以及所濱的海。人們靠各種感覺來認識、掌握外在世界，但是人所能動用的感覺不是只有味覺，請你分辨出下列的詩中，分別動用了哪些感覺？

瀑布／洛夫

兩山之間
一條瀑布在滔滔地演講自殺的意義
千丈深潭
報以
轟然的掌聲
至於泡沫
大多是一些沈默的懷疑論者

梨樹／小宛

我在一夜的風中

突然消瘦成一株梨樹
飄下來的雪
濃縮了一生的歲月
而我的枝頭
總是被壓彎
有時是花葉
有時是梨
此時，卻是一聲
正在融化的
鐘聲

2請你以「雨」爲主題，想想看從不同的知覺出發，可以捕捉到哪些不同的雨的風貌？

洛夫〈瀑布〉全首都是從聽覺的角度來刻畫瀑布，前一節寫「有聲」、後一節寫「無聲」。小宛〈梨樹〉以梨樹自擬，前面皆從視覺著眼，最後三句則是從聽覺入手，來摹寫本屬視覺的雪融之景，呈現出「通感」之美。至於「雨」，用眼睛看，有絲絲飄墜的外形；用耳朵聽，有滴滴答答的音響；用舌尖嚐，有涼涼無味的感受；用皮膚覺，則有冰冰冷冷的觸感……，其他可發揮處尚多，就全賴學生靈敏的感受力了。

三

關於台灣，生於斯、長於斯的我們，都有深刻的感情，以及一些動人的小故事。可以請學生帶與台灣有關的、最珍視的照片來校，述說關於這張照片的種種。

記得有一次聽林貴真老師有關「讀書會」的演講，曾談到照片能引起很大的感動。如果這個活動換個設計方式，請三到五位學生，帶最能代表家族歷史的五張照片，來介紹給同學，在時間上更經濟，而效果說不定更好。

◎蓉子〈傘〉以一傘之微，寓圓融之理，溫婉有味：

鳥翅初撲

幅幅相連 以扁蝠弧形的雙翼
連成一個無懈可擊的圓

一把綠色小傘是一頂荷蓋
紅色朝暾 黑色晚雲
各色顏色的傘是載花的樹
而且能夠行走

一柄頂天
頂著艷陽 頂著雨

頂著單純兒歌的透明音符
自在自適的小小世界

一傘在握 開合自如
合則為竿為杖 開則為花為亭

亭中藏著一個寧靜的我

此詩的課後作業的設計可從以下的方向來進行：

一

蓉子〈傘〉是一首詠物詩。詠物詩的首要條件是除了要能掌握物的外形之外，還能得其神理，以達到「形神兼備」的境界。請回答下列有關詠物詩的問題：

1請問下列的這首詩，所歌詠的自然物是什麼？

如果不是來自山林
我哪會如此冰清
如果沒有岩石阻攔
我哪會這樣奔放
如果不敢飛躍懸崖絕壁

我哪會有如此磅礴的生命

2請在括號內填入適當的物體（兩個字）：

元旦日記／牛波

（　　）

你一生只說一句話

你在孩子的手上說

你在長長的竹竿上說

有時你連著串說

有時你飛上天去說

無論你怎麼說

大聲說小聲說

不管老爺爺和小孫孫

都喜歡聽你說

人們說不出的歡樂
你一句話就說了

3草風的〈雨傘〉也是敘寫「傘」，請你閱讀之後，試著比較一下兩者之間有何不同。

像好幾天沒有澆到水的花
雨傘
憔悴地
躺在牆角

下雨了
突然獲得生機
雨傘
像五顏六色的花

到處綻放盛開

題目1是吳岸〈瀑的話〉，很明顯的，它所描寫的是「瀑布」。題目2的括號中，應該填入的物體是「爆竹」。題目3中蓉子的傘和草風的傘比較起來，前者的語言自然純熟、後者的語言童趣天真；雖然都用了譬喻法，但所用來譬喻的物體也不相同；還有前者主要寫傘開的情狀、後者則以傘闔傘開作爲對比；而且兩者所傳達出的情趣也是不一樣的……，凡此種種，都是不同之處。

二

蓉子〈傘〉大量地運用了譬喻法。事實上，譬喻法在各種文類中都被廣泛地運用著，新詩當然也是如此，有人甚至說詩是「比喻的文學」（村野四郎）。請你試著回答下列有關「譬喻」的問題：

1挺立起另一種輝煌（節選）／毛志成

關於蠟燭的寓言已經很老很老

早該走出那一點卑微火焰的蒼涼
只有這樣才敢於宣佈自己是烈火
在烘烤世界的同時
也爆發著自己的奪目輝煌

關於園丁的童話已經很舊很舊
早該走出小小花圃的感傷
只有這樣才敢於承認自己是喬木
在綠化世界的同時
也為一切大廈提供著硬質棟樑

關於母愛的比喻已經過分綿軟
早該走出母親瞳孔的淒惶
只有這樣才敢於承認自己是雄鷹
因為有了自己的高翔
才帶出了雛鷹的高翔

這首詩歌詠的是教師。但特別的是，它否定了以往常常用來比喻教師的「蠟燭」、「園丁」、「母親」，而代以作者認爲更貼切的「烈火」、「喬木」、「雄鷹」。你覺得作者的說法好不好？如果是你，你會用什麼來比喻老師？

2 西川〈鳥〉中說道：「鳥是天空的語言」，爲什麼鳥是天空的語言？而且試著想想看，鳥比喻成「天空的……」，這「……」除了是「語言」外，還可以是什麼？

這兩個題目中所問的主體，都是學生常常接觸的、非常熟悉的人與物，因此學生應可試著揣想作者爲何要作此譬喻，並進一步體會此譬喻之佳妙；當然，更可以訓練學生站在經驗的起腳點上，放縱想像，創造出屬於它們自己的、新鮮的譬喻。如果是以課堂問答的方式實施，相信會創造出很好的效果。

◎梁雲坡〈射手〉書寫人生的三個階段，頗有感慨。其原詩如下：

青春時
我是盲目的射手

自負有千萬隻箭
就無的放矢
自以為豪放
終於
射盡了囊中之箭

中年時
我已百發百中
更發現無數更好的目標
可惜我已無箭可射
只惆悵地看著一羣拙劣的射手
——浪費力氣！

當我老邁時
啊！
我看見我鬢髮皆白

正以老花的眼
顫抖的手
撿一根枯乾木棒
夢想削成青春之箭……

其他詩人所創作的類似的人生三階段的詩作，也可提供給學生參考：

一

請閱讀下列詩作，並回答問題：

歸夢之羣／劉大白

少年是藝術的，
一件一件地創作；
壯年是工程的，
一座一座地建築；

老年是歷史的，
一頁一頁地翻閱。

眼睛（節選）／公木

青年人的眼睛搜尋世界
獵人追逐獵物，情人追逐愛情
蝴蝶追逐花朵，風追逐火
劈啪作響的光與熱

中年人的眼睛把世界搜索
實驗台上決定成敗的數據
田野裡判分豐歉的收穫季節
「？」與「！」起伏交織的樂章

世界浮現在老人的眼睛中
一本摸索斷線了的百科書

一張償付過了的帳單
苦辣酸甜都已中和為平淡

1在你的感覺中，少年（青年）的況味如何？哪一首詩描寫得比較貼切？
2在你的想像中，你比較期待哪一種老年景況？爲什麼？

要學生模仿〈射手〉一詩，也寫一寫他們心目中的「人生三階段」，可能難了點；但要他們閱讀並嘗試著思考、辨別，則是可行的。如果尚有餘裕，那麼還可以介紹一首極好的蔣捷〈虞美人〉給學生：「少年聽雨歌樓上，紅燭昏羅帳。壯年聽雨客舟中，江闊雲低斷雁叫西風。　而今聽雨僧廬下，鬢已星星也！悲歡離合總無情，一任階前點滴到天明。」如此一來，古典與現代交融，學生的收穫真是太豐富了。

二

在梁雲坡〈射手〉一詩中，「箭」象徵著生命中所有珍貴的事物，包括親情、愛情、時間、理想、知識……，甚至金錢（參考翰林《高中國文語文表達能力增强手册100回》），在全詩中起了很重要的作用。請你分辨一下：下列詩句中出現的意象，其象徵意義又是什麼？

立場／向陽

你問我立場，沈默地
我望著天空的飛鳥而拒絕
答腔，在人羣中我們一樣
呼吸空氣，喜樂或者哀傷
站著，且在同一塊土地上

不一樣的是眼光，我們
同時目睹馬路兩旁，眾多
腳步來來往往。如果忘掉
不同路向，我會答覆你
人類雙腳所踏，都是故鄉

請問第一節中出現的「天空的飛鳥」，有何寓意？而且作者爲何要望著牠們？

駝鳥／張默

遠遠的
靜悄悄的
閒置在地平線最陰暗的一角
一把張開的黑雨傘

請問作者爲何要用這樣的一把「黑雨傘」來模擬駝鳥？有什麼用意？

第一首詩中出現的「天空的飛鳥」，令人馬上聯想到天空是無限廣大，而飛鳥可自由翱翔，因此寓藏了開闊明朗、不爲狹隘所限的涵義；而詩人之所以要仰望飛鳥，明顯地道出了心之所向。而第二首詩中用黑雨傘來模擬駝鳥，除了形似之外，還可以注意到詩人强調「張開」而「閒置」，並且被擺在「地平線最陰暗的一角」，連結到駝鳥最爲人所知的特性——縮頭逃避，我們馬上讀出了詩人的批判意識——一個人若沒有勇氣迎接挑戰，只是像駝鳥一樣逃避，那就只能被人棄置而毫無價值了（參考周金聲主編《中國新詩詩藝品鑑》，李瑞騰、金聲賞析）。

◎鄭愁予〈小小的島〉浪漫纏綿，抒寫對情人的癡戀眷愛，令人低回。其原詩如下：

你住的小小的島我正思念
那兒屬於熱帶，屬於青青的國度
淺沙上，老是棲息著五色的魚羣
小鳥跳響在枝上，如琴鍵的起落

那兒的山崖都愛凝望，披垂著長藤如髮
那兒的草地都善等待，鋪綴著野花如果盤
那兒浴你的陽光是藍的，海風是綠的
則你的健康是鬱鬱的，愛情是徐徐的

雲的幽默與隱隱的雷笑
林叢的舞樂與冷冷的流歌
你住的那小小的島我難描繪
難繪那兒的午寐有輕輕的地震

如果，我去了，將帶著我的笛杖

那時我是牧童而你是小羊
要不，我去了，我便化做螢火蟲
以我的一生為你點盞燈

其課後作業可以設計成這樣的形式：

一

愛情向來是詩歌中重要的題材，除了鄭愁予〈小小的島〉之外，請你也閱讀下列和泉式部的〈短歌六首〉（摘自陳黎、張芬齡譯著《世界情詩名作100首》），並回答問題：

獨臥，我的黑髮
散亂，
我渴望那最初
梳它
的人。

*
被愛所浸，被雨水所浸，
如果有人問你
什麼打濕了
你的袖子，
你要怎麼說？

*
快來吧，
這些花一開
即落，
這世界的存在
有如花朵上露珠的光澤。

*
渴望見到他，渴望

被他見到——
他若是每日早晨
我面對的鏡子
就好了。

＊

竹葉上的
露珠，逗留得
都比你久——
拂曉消失
無蹤的你！

＊

久候的那人如果
真來了，我該怎麼辦？
今晨的花園鋪滿雪，

太美了，

不忍見足印玷污它。

1和泉式部是一日本女詩人，她所寫的情詩，是不是可以表現出女子特有的纖柔敏感？請試著指出來。

2在六首短詩中，你最喜歡哪一首？爲什麼？

3六首短詩分別描寫愛情中的一個場景、一分幽微的心思。如果是你，你要挑選哪一個場景，來抒發愛戀的深切？

這份作業主要是針對內容來設計的。〈和歌六首〉淺顯易懂，稍一凝思，更能體會箇中況味，學生應該會喜歡吧！

二

色彩在文學作品中常常產生奇妙的作用，請回答底下針對色彩所問的幾個問題：

1鄭愁予〈小小的島〉一詩中出現多個色彩字，請一一指出；還有一些詞語雖未在字面上明白地出現色彩，但也帶出色彩的感受，例如「長藤」、「草地」帶出綠色，請你找出其他的例子來。

2鄭愁予〈小小的島〉其色彩的配置主要是造成什麼效果？

3關於「紅色」，你有什麼樣的感覺？你會聯想到什麼事物？

4如果要用一個顏色來代表武則天，你會選用哪個顏色？爲什麼？

關於第一題，則〈小小的島〉中明白出現的顏色有青色、五色、藍色；而隱含的色彩，也至少有「琴鍵的起落」所含藏的黑、白兩色，「野花」所隱藏的五色繽紛……等等（參考《中國新詩賞析》，何寄澎賞析）。至於作者想要達成的是什麼效果呢？作者盡量包羅所有色彩，彷彿融匯成一個小小的宇宙，一個自足圓滿的有情世界。至於第三題和第四題，則由學生自由發揮，期待他們能碰撞出令人驚喜的火花。

二、高中部分

高中生對新詩的接受能力應該更强了，不僅在欣賞方面更加成熟，而且可以試著著墨於古典與現代的結合；在創作方面，經過訓練後，應該也可以有不錯的表現。因此，高中的新詩課後作業，可以嘗試從欣賞與創作並重的方向來設計。

◎蘇紹連的〈七尺布〉被選入三民版第一冊的國文課本中。其原詩如下：

母親只買回了七尺布，我悔恨得很，為什麼不敢自己去買。我說：「媽，七尺是不夠的，要八尺才夠做。」母親說：「以前做七尺都夠，難道你長高了嗎？」我一句話也不回答，使母親自覺地矮了下去。

母親仍然按照舊尺碼在布上畫了一個我，然後用剪刀慢慢地剪，我慢慢地哭，啊！把我剪破，把我剪開，再用針線縫我，補我，……使我成人。

這是一首歌詠母愛的散文詩，因此課後作業可以從這兩方向著眼來設計：

一

請閱讀下列的兩首詩，並回答問題：

夢話／傅天琳

你睡著了你不知道
媽媽坐在身旁守候你的夢話
媽媽小時候也講夢話
但媽媽講夢話時身旁沒有媽媽

你在夢中呼喚我呼喚我
孩子你是要我和你一起到公園去
我守候你從滑梯一次次摔下
一次次摔下你一次次長高

如果有一天你夢中不再呼喚媽媽
而呼喚一個陌生的年輕的名字
那是媽媽的期待媽媽的期待
媽媽的期待是驚喜和憂傷

1第一節從孩子的童年帶出媽媽的童年，有什麼作用？
2第三節展現的是媽媽的何種心情，你能體會嗎？

阿爹的飯包／向陽

每一日早起時，天猶未光
阿爹就帶著飯包
騎著舊鐵馬，離開厝
出去溪埔替人搬沙石

每一暝阮攏在想
阿爹的飯包到底啥麼款
早頓阮和兄哥呷包仔配豆乳
阿爹的飯包起碼也有一粒蛋
若無安怎替人搬沙石

有一日早起時，天猶黑黑

阮偷偷走入去灶腳內，掀開
阿爹的飯包，沒半粒蛋
三條菜脯，蕃薯籤摻飯

1 詩篇中特別提到自己和哥哥的早飯內容，詩人的用意是什麼？
2 詩人刻意安排詩的結尾，具有什麼樣的作用？

〈夢話〉一詩從「夢話」著眼，爲表現母愛找到了一個新角度，第一節以自己的童年對照孩子的童年，更見出後者的幸福；第三節是神來之筆，活脫脫地向讀者展現出年輕媽媽矛盾的愛心——期待孩子長大，又傷感孩子長大（參見周金聲主編《中國新詩詩藝品鑑》），對處在青春叛逆期中的孩子，應是頗能引起深思的。〈阿爹的飯包〉以台語入詩來書寫父愛，詩中提到自己和哥哥的豐富早餐，更見得阿爹飯包的粗略儉省；而末尾揭穿真相，具有極短篇的效果，相當引人入勝（參見張默、蕭蕭編《新詩三百首》）。

二

㈠散文詩是用散文形式寫出來的詩，雖披著散文的外衣，卻具有詩的本質（參考向明《新詩50問》），請你試著分辨看看，下面的這篇作品，到底是散文還是詩？爲什麼？

三弦／沈尹默

中午時候火一樣的太陽沒法去遮攔，讓他直曬著長街上。靜悄悄少人行路，只有悠悠風來，吹動路旁楊樹。

誰家破大門裡，半院子綠茸茸草，都存著閃閃的金光。旁邊有一段低土牆，擋住了個彈三弦的人，卻不能隔斷那三弦鼓盪的聲浪。門外坐著一個穿破衣裳的老人，雙手抱著頭，他不聲不響。

㈡請閱讀下列散文詩，並回答問題：

長頸鹿／商禽

那個年輕的獄卒發覺囚犯們每次體格檢查時身長的逐月增加都是脖子之后，他報告典獄長說：「長官，窗子太高了！」而他得到的回答卻是：「不，他們瞻望歲月。」

仁慈的青年獄卒，不識歲月的容顏，不知歲月的籍貫，不明歲月的行蹤；乃夜夜往動物園中，到長頸鹿欄下，去逡巡，去守候。

1為何典獄長要回答「他們瞻望歲月」？
2此詩與蘇紹連的〈七尺布〉同樣運用了超現實的寫作手法，請試著指出來。

散文詩是不分行的詩，因此有時會因外形的關係而被誤認為散文；但沈尹默〈三弦〉之所以被歸入詩族之中，主要是因為其語短情長（即語言極純、意象極精），渾融精練，此乃詩的最大特色，所以全詩看去，絕無特別突出的一字一句，但也沒有可以刪掉的一字一句。而商禽則是散文詩的大家，〈長頸鹿〉一詩中「瞻望歲月」一語，道出囚犯們不僅渴望自由，他們還渴望「希望」；而且為了表達這種渴望，運用了超現實的手法，描述囚犯的頸子越來越長，這在現實中雖不可能，但卻能生動地表現囚犯日日引頸盼望的神情，這正說明了超現實的感覺細胞其實也就是我們的感覺細胞，只不過它們更敏銳，更能突顯一些感受罷了（參見《中國新詩賞析》，呂正惠賞析；及羅青《從徐志摩到余光中》、向明《新詩50問》）。

◎在部編本中，即已選了鄭愁予的〈錯誤〉，而在現行的六家高中國文課本中，也有五家選了這首詩，可見大家對此詩鍾愛之深。其原詩如下：

我打江南走過
那寫在季節裡的容顏如蓮花的開落

東風不來，三月的柳絮不飛
你底心如小小的寂寞的城
恰若青石的街道向晚
跫音不響，三月的春帷不揭
你底心是小小的窗扉緊掩

我達達的馬蹄是美麗的錯誤
我不是歸人，是個過客……

這首詩是鄭愁予「浪子意識」的代表作，但是作者其他的作品，也將此種意識醞釀得深美綢繆，因此可以製作如下的課後作業：

一

水手刀／鄭愁予

長春藤一樣熱帶的情思
揮一揮手即斷了
揮沈了處子般的款擺著綠的島
揮沈了半個夜的星星
揮出一程風雨來

一把古老的水手刀
被離別磨亮
被用於寂寞，被用於歡樂
被用於航向一切逆風的
桅蓬與繩索……

情婦／鄭愁予

在一青石的小城，住著我的情婦
而我什麼也不留給他
祇有一畦金線菊，和一個高高的窗口
或許，透一點長空的寂寥進來
或許……而金線菊是善等待的
我想，寂寥與等待，對婦人是好的。

所以，我去，總穿一襲藍衫子
我要她感覺，那是季節，或
候鳥的來臨
因我不是常常回家的那種人

1在〈水手刀〉一詩中，「水手刀」既是題目，也是最爲重要的意象，請試著說明這個意象的涵義爲何？

2〈情婦〉與〈錯誤〉一樣，都是用第一人稱的口吻來敍寫。請你試著揣想〈情婦〉一詩中，「我」的心理轉折。

3請以「等待」爲主題，試著找出能代表等待的事物。

「水手刀」是航海必備的利器，因此拿起水手刀，就表示航程開始、流浪開始，同時也是波折磨難的開始，而這些都端賴水手刀來解決；但從另一方面來講，流浪者本身又豈能無所牽掛？此時水手刀又彷彿可用來割捨所有羈絆。所以「水手刀」的鋒銳，適用於一體之兩面，正恰恰地展現了浪子生活的兩個切面。而〈情婦〉詩中的「我」長年在外，心中必然充滿對「情婦」的歉疚與不安，但流浪又是擺脫不掉的本性，在兩相衝突的情況下，「我」即用「我想，寂寞與等待，對婦人是好的」來寬宥自己了；而第二節並要情婦習於自己的離開，則情婦習於等待之後，自己的歉疚彷彿便可以減輕，甚至於消失。在整個過程中，充滿了「我」的强爲其說，但又時時流露出心虛的不安，這正是本詩有趣的地方（參見《中國新詩賞析》，何寄澎賞析）。而此詩中以「青石小城中高高的窗口」，和「善於等待的金線菊」來暗示等待，學生應該可以從日常生活或閱讀所得中，試著找出他們認爲可以象徵等待的事物。

二

鄭愁予〈錯誤〉一詩中用了許多古典詩詞中的意象，例如柳絮、東風、春帷等等。這樣以典故入詩，既可具有一般「引用格」含蓄深永的優點；還能從歷史故籍中取材，讓詩的內涵更耐尋思，達成古典與現代的交融（參見黃慶萱《修辭學》、向明《新詩50問》）。在現代詩人中，余光中非常懂得向古人借火，下面所引即是他的一些詩句，請試著從典故入詩的角度來欣賞，並指出用了哪些典故，有何寓意？

當千里目被困於地平線，我說：
「雖信美而非吾土兮，
曾何足以少留！」（〈新大陸之晨〉節選）

那一雙傲慢的靴子至今還落在
高力士羞憤的手裡，人卻不見了
把滿地的難民和傷兵
把胡馬和羌馬交踐的節奏
留給杜二去細細地苦吟
自從那年賀知章眼花了

認你做謫仙，便更加佯狂
用一隻中了魔咒的小酒壺
把自己藏起（〈尋李白〉節選）

從開元到天寶，從洛陽到咸陽
冠蓋滿途車騎的囂鬧
不及千年後你的一首
水晶絕句輕叩我額頭
噹地一彈挑起的回音（〈尋李白〉節選）

把影子投在水上的，都患了潔癖
一種高貴的絕症
把名字投在風中的
衣帶便飄在風中
清芬從風裡來，楚歌從清芬裡來

美從烈士的胎裡帶來
水劫之後，從迴盪的波底升起
猶配青青的葉長似劍
燦燦的花開如冕
缽小如舟，山長水遠是湘江（〈水仙操——弔屈原〉）

第一節詩中的「千里目」，顯然化用自王之渙的名篇〈登鸛鵲樓〉：「欲窮千里目，更上一層樓」；而「雖信美而非吾土兮」二句，則是出自於王粲〈登樓賦〉。其次節選自〈尋李白〉的兩節詩，都將有關李白的故實化用在詩中，所謂「水晶絕句」指的應是在《唐詩三百首》中，被歸入「五絕樂府」的〈玉階怨〉：「玉階生白露，夜久侵羅襪。卻下水晶簾，玲瓏望秋月。」此外〈水仙操——弔屈原〉一詩中的「楚歌」，應是指收錄在《楚辭》中的屈原作品，譬如〈離騷〉中寫到的「製芰荷以爲衣兮，集芙蓉以爲裳。……高余冠之岌岌兮，長余佩之陸離；芳與澤其雜揉兮，唯昭質其猶未虧。」就化成了詩中的「猶配青青的葉長似劍／燦燦的花開如冕」二句，並以此形象來表現屈原的美好及堅持；而且值得一提的是，「水仙」本身是一取自西洋的典故，即美少年納爾梭思臨水自鑑、戀戀不忍離去，以致死亡，死後化爲清麗絕俗的水仙，在此用來暗示屈原的高潔與死亡，因此〈水仙操——弔屈原〉一首典故的運用可說是融會中西。若能將這些典故的涵義都抉發出來，相信對解讀詩歌而言，是大有助益的。

三

新詩創作練習

1在〈錯誤〉一詩中，出現了許多譬喻的句法，例如說思婦的容顏「如蓮花的開落」，並用「城」、「街」、「窗」來譬喻你底心。請你也以「蝴蝶」爲主題，造出一個譬喻句。

2〈錯誤〉一詩是以浪子的口吻來敍寫，請你轉換一下，試著從思婦的角度來看待整件事，並寫成詩篇。

高中生應該已經可以來試著創作小詩了，不過在要求他們創作之前，至少需先讓他們閱讀過幾首詩篇，他們才會知道「新詩」是什麼樣子，否則寫出來的「詩」，常常會像打油詩一般，令老師無法下筆批改。而且訓練高中生創作應該循序漸進，先從創作幾個詩句入手，再完成一個短短的小篇，如果學生有興趣，願意做更多嘗試，那當然就更好了。而關於第二題，可以在檢討時，附上向陽的〈閨怨十行——未歸〉給同學參考，因爲此詩就是以思婦第一人稱的方式寫成的；其原詩如下：

餘暉已緩緩將布坊的流漿染成
一片驚心，閣樓上許多機杼
碌碌織著窗頭瘖啞的斜陽
水聲潺潺，前年夏天
雀鳥在簷下走失且忘記窗的招喚

自從去冬下廚總記得用雪花
當做調味的鹽巴，每道菜
都標出鞋的里程與風的級數
枯葉打今秋便竽竽地落下
或者花仍要到明春方纔綻放

此詩並有張漢良《現代詩導讀》中的賞析可供參考。

◎紀弦的〈雕刻家〉十分雋永，耐人尋味：

煩憂是一個不可見的
天才的雕刻家。
每個黃昏，他來了。
他用一把無形的鑿子
把我的額紋鑿得更深一些；
又給我添上了許多新的。
於是我日漸老去，
而他的藝術品日漸完成。

其課後作業可以有如下的設計方式：

一

〈雕刻家〉一詩運用了譬喻的方式，將「煩憂」譬喻成「雕刻家」，而且此譬喻貫穿全篇。同樣的情況也出現在下列的詩篇中，請在閱讀之後回答問題：

1下面兩首詩中的括號內，所空出的字眼是指向一自然現象，請猜猜看，詩人在描寫什麼？

(一)如狗
叼吃著門窗裡漏出的光
偶而有一盞燭火走在狗羣中
像是被黑暗含在嘴中的一塊糖

(二)來了，
以小貓的腳步。
蹲視著，
港口和城市，
無聲的拱起腰部，
又走開了。

2下列的這首詩是馮至的〈蛇〉，請你閱讀之後，說明爲何詩人要用「蛇」來譬喻「寂寞」（相思）？

我的寂寞是一條長蛇，
靜靜地沒有言語。
你萬一夢到牠時，
千萬啊！不要悚懼！

牠是我忠誠的侶伴，
心裡害著熱烈的鄉思：
牠想那茂密的草原——
妳頭上的，濃鬱的烏絲。

牠月光一般輕輕地
從你那兒輕輕走過；
牠把你的夢境銜了來，
像一只緋紅的花朵。

第一題中的第一首詩是嚴力的〈夜〉，因此括號中的字眼是「夜晚」；而第二首詩是桑德堡（Corl Sandburg）的〈霧〉，因此括號中應該填入「霧」。第二題中，作者以蛇無聲無息滑動的形態，象徵自己的「鄉思」（相思）無處不在、綿綿不絕，因此，「寂寞」也就無時無刻地伴隨著自己了。第一節寫因爲戀人不在身邊而感到「寂寞」，因此「靜靜地沒有言語」取蛇形體修長而冰涼無言，狀寫詩人寂寞的心情；第二節刻畫作者熱烈的相思，那姑娘頭上濃郁的烏絲竟被詩人想像成茂密的草原，與蛇性喜棲息草叢的特性牽合起來；末節中進一步地設想：這條長蛇如能像月光一般輕輕地從姑娘的身邊潛遊過，把姑娘的夢境銜了來，那該有多好！由於作者在自然界中找到了可以充分暗示自己心靈世界的恰切的喻物，因此，「蛇」這一原本並不討好的形象喻體，不僅被詩人賦予美好的感情，而且牠始終成爲詩人進行藝術構思和想像的觸發物，藝術效果極佳（參見《翰林高中國文語文表達能力增強手冊100回》）。

二

㈠要造出良好的譬喻，須依託於良好的聯想能力，因此訓練學生的聯想能力可說是非常重要的。而要做這樣的訓練，首先要學生瞭解「聯想三原則」：即接近聯想、類似聯想、對比聯想。

接近聯想：是事物之間在時間、空間上相鄰近所引起的聯想。例如「桃花流水鱖魚肥」、「春江水暖鴨先知」，都是由春天看到桃花、江水，而聯想到江水中肥美的鱖魚和感知到水暖的鴨子。

相似聯想：是事物之間在性質、形態（即表現性）上相似所引起的聯想。例如由暴風雨想到革命，就是因爲表現性相似而引起的聯想。而譬喻主要即運用此種聯想。

對比聯想：是事物之間在性質、形態（即表現性）上相異、相反所喚起的聯想。例如由黑想到白、由美想到醜、由冰雪想到熱情……等等都是。（參考邱明正《審美心理學》）

接著可以指定一個主題，要求學生針對這個主題，來進行這三種聯想。而這個主題，最好是可以留下許多空間的，譬如「飛翔」、「玫瑰」、「微笑」……等等，都很適合。可以將黑板分成三大塊，要求學生將聯想所得，分門別類地寫上去，大家一起來欣賞，那麼將會發現學生的聯想力真是豐富而又活潑。

㈡顧城的名詩〈弧線〉，就是以「弧線」爲中心，廣泛地去聯想，並將捕捉到的優美形象聯綴成一首詩。請你閱讀之後，也想想看世間萬象中還有哪些「弧線」？並試著續寫上去。

鳥兒在疾風中
迅速轉向

少年去撿拾
一枚分幣

葡萄藤因幻想
而延伸的觸絲

海浪因退縮
而聳起的背脊

在第一大題中，其實可以更進一步，訓練學生用隨機的、或有意識的組合方式，將這些聯想發展爲詩句（詳細步驟可參看白靈《一首詩的誕生》中「比喻的遊戲」、「聯想的大樹」）。而第二大題的續寫，則令人充滿期待，期待學生會有令人驚喜的發現。

在從事新詩教學的過程裡，我深深地感覺到學生的心靈非常渴望美，而且對於優美精緻的詩歌存有一份尊敬與期待；因此老師們在教授新詩時，不需要太過擔心學生會不會喜歡，因爲只要經過適當的引導，其實大部分的學生都會感受到美、感受到愉悅。倒是需要注意的是，老師們如果懷有太大的企圖心，而忘了將教學內容做適當的分配，給學生帶來負擔沈重的感受，那麼反而會破壞學生對新詩的胃口，效果是適得其反的。

記得從前讀過一句話：愛是讓施與受雙方都感到愉悅的一件事。那麼我想，教新詩也是的。

新詩考題的回顧與展望

一、前言

新詩教學於近來逐漸受到注意。在原部編本中，只有第六册選了鄭愁予的〈錯誤〉和林泠的〈不繫之舟〉；但開放教科書版本後，各版本選錄新詩的比例都大幅增加（見附錄）。同時備受矚目的大學聯考、學科能力測驗試題中，新詩考題不僅不再缺席，而且題型也多所變化。

我們知道配合範文教學，就必有一些評量測驗，因此新詩考題的出現是必然的；而且「考試領導教學」，又是眼前的教學環境中不變的法則。所以如果能設計良好的新詩考題，則不僅可以有效地測出學生的學習成果，而且還能在一定程度上引領教學的正確走向；由此可見在新詩教學中，新詩考題佔著很重要的一環。

因此，新詩考題要測驗的是學生哪一方面的能力？怎樣才是較爲合宜的、能測出能力的試題？又新詩考題還有哪些發展的方向？這些問題都是值得思索的。而本文就是欲對此一問題作一探討，提出一些淺見，以收拋磚引玉之效。

二、回顧

想對新詩考題有所瞭解，當然必須先回顧一下已經出現的新詩考題。本文以歷居大學聯考、學科能力測驗、北區公立高中聯合模擬考試、成功高中校內正式測驗爲對象，搜羅了一些新詩考題，發現在命題者的努力之下，新詩考題處處可見巧心設計，面貌多元。以下就是從四個面向來加以整理分析：

(一)第一面向

學生所必須具備的有關新詩的知識，包括新詩的界說、新詩的發展概況、重要作家的生平及特色……等等，凡此我們統稱爲「新詩常識」；此外還有對新詩作品的欣賞能力，我們稱之爲「新詩欣賞」。這些都是新詩教學中非常重要的部分，當然必須有適當的考題加以測驗。

1

關於「新詩常識」我們可試舉三個現有的考題爲例：

※八十六年大學聯考

下列有關現代詩的敘述，正確的選項是　A現代詩又稱新詩，為民國以來白話詩的統稱　B現代詩是將散文分行的文學形式，不押韻，也不講究聲韻頓挫　C「象徵」是現代詩重要的藝術手法之一，林泠〈不繫之舟〉中的「不繫之舟」，可視為詩人浪漫不羈的象徵　D鄭愁予〈錯誤〉中，「窗扉」、「春帷」、「柳絮」等不同的意象，皆可視為詩中過客的象徵　E台灣現代詩壇曾有「橫的移植」及「縱的繼承」二種主張，前者重視對西方詩風的學習；後者強調對中國文學傳統的吸收、轉化，鄭愁予〈錯誤〉在風格上應接近於後者。

答案：ACE

※成功高中八十八學年度第一學期一年級第一次期中考

關於「現代詩」，下列敘述何者為是？A「現代詩」一詞，廣義而言指的是「現代派的詩」　B現代派為紀弦所倡，提倡「橫的移植」，注重鎔鑄古典於現代之中　C現代詩的分行是以意思、情感、節奏為單位，因此有一句一行者和「跨行句」及「併行句」　D散文詩不分行，主要是因為詩人所呈現的是一個不可分割的、整體的詩感和詩味　E分行詩每行以齊頭為常態，

行末通常不加標點，分節（段）處空一行

答案：CDE

※成功高中八十八學年度第二學期一年級國文科競試

下列有關散文詩的敘述，何者正確？ A散文詩的創作是台灣詩壇的主流 B在文體上，歸屬於散文 C多半分節而不分行 D語法、結構是散文 E思路、意境是詩

答案：CDE

第一題和第二題針對「現代詩」、第三題針對「散文詩」，除了發展概況之外，還考了新詩的特色，以及一些很重要的藝術技巧，這些都是有關新詩的基本知識。

2

關於「新詩欣賞」部分，其欣賞的對象又可分做兩種：一種是課本所選錄的新詩，一種是課外的新詩。若是課本所選錄的新詩，則考題通常會出得比較細密：

※成功高中八十八學年度第二學期一年級第一次期中考

鄭愁予〈錯誤〉一詩在形式上的安排，有哪些值得注意的地方？　A將「恰若向晚的青石的街道」，寫成「恰若青石的街道向晚」，是為了強調「青石的街道」　B首節低二格排列，與二、三節顯然不同，這是表示首節有「序」的作用　C「那等在季節裡的容顏如蓮花的開落」一句，是以漫長的音節來傳達女子等待之悠長　D〈錯誤〉為新詩，不須押韻，所以全詩沒有押韻的韻腳　E「跫音不響」中的「跫音」二字，有狀聲詞的作用，用以模擬腳步聲

答案：BC

※成功高中八十八學年度第一學期一年級第一次期中考

關於蘇紹連〈七尺布〉一詩，下列選項何者為「非」？　A「我悔恨得很，為什麼不敢自己去買」，描述了作者自我內心的衝突　B「母親仍舊按照舊尺碼在布上畫了一個我」，暗示母親仍堅持一貫的理念來教養我　C「剪破」、「剪開」、「用針線縫我」、「補我」，是象徵母親的教育方法　D「我一句話也不回答，使母親自覺地矮了下去」，是指母親因自尊受損而讓步

答案：D

※成功高中八十九學年度第一學期二年級第一次期中考

關於余光中〈白玉苦瓜〉，下列的敘述何者正確？Ａ「你便向那片肥沃匍匐／用蒂用根索她的恩液」，很能表現出余光中對傳統文化的孺慕　Ｂ詠物詩的條件之一是須摹繪其物之「形」，而「那觸覺，不斷向外膨脹／充實每一粒酪白的葡萄」即符合此一要求　Ｃ「只留下隔玻璃這奇蹟難信」、「千眄萬睞將你引渡」均用到了倒裝修辭格　Ｄ「皮靴踩過，馬蹄踩過／重噸戰車的履帶踩過」呼應了「白玉苦瓜」之「苦」　Ｅ「久朽了，你的前身」，「你的前身」指的是藝術家的生命。

答案：ＡＢＤ

鄭愁予的〈錯誤〉、蘇紹連的〈七尺布〉和余光中的〈白玉苦瓜〉，分別是部編本第六冊、三民版第一冊和翰林版第三冊所選錄的新詩。我們可以看到考題不僅考了對詩意的瞭解、關鍵詞語的解釋、修辭、文法，還有形式上的詩句的排列、音節押韻等，可說是盡量地從各方面來測驗學生對範文的瞭解程度。

不過，目前所見的新詩考題，尤其是見於大型考試（如聯考、學科能力測驗、聯合模擬考）中的新詩考題，則是以考課外的新詩爲主流；尤其是開放版本之後，這樣的趨勢應會更加明顯。

※八十八年大學聯考

下列是一節新詩，請依照文意選出排列順序最恰當的選項：

「這次我離開你，是風、是雨、是夜晚
你笑了笑，我擺一擺手
而我風雨的歸程還正長（甲）
一條寂寞的路便展向兩頭了（乙）
念此際你已回到濱河的家居（丙）
想你在梳理長髮或是整理濕了的外衣（丁）
山退得很遠，平蕪拓得更大
唉，這世界，怕黑暗已真的成形了……」

A甲乙丙丁　B乙丙丁甲　C丙丁甲乙　D丁甲乙丙

答案：B

這首詩取材自鄭愁予的〈賦別〉（節錄），並未見於課文中。自從八十六年的大學聯考破天荒地以新詩作爲閱讀測驗的題目，所考的新詩——馮至的〈蛇〉，就非課內的新詩範文，其後出現的許多課外新詩的考題，真可說是百花齊放、多采多姿，關於這些，因爲可探討者甚多，將在探討第四面向時，再作更爲周延的討論。

㈡第二面向

新詩在題目中的位置，除了可作爲題幹外，也可以很彈性地處理爲選項之一；而且不管是哪一種，都有兩種可能：只考新詩，或是與其他範文結合起來，作綜合性的測驗。

1 取一首（或節錄）新詩作爲整個題目的題幹，是最爲常見的方式，譬如：

※八十八年大學入學考試中心學科能力測驗

「只有翅翼
而無身軀的鳥
在哭和笑之間
不斷飛翔」

上述若為一首描繪身體部位的現代詩，其所描繪的對象應是：

A手　B眉　C唇　D眼

答案：B

※成功高中八十七學年度第二學期第二次模擬考試

「俯耳地面
一顆顆頭顱從沙包上走了下來
隱聞地球另一面有人在唱
自悼之輓歌
浮貼在木樁上的那張告示隨風而去
一付好看的臉
自鏡中消失」
——洛夫〈沙包刑場〉

此詩意近於屈原〈國殤〉中的哪一句？ A凌余陣兮躐余行 B嚴殺盡兮棄原野 C首身離兮心不懲 D子魂魄兮為鬼雄

答案：B

第一題的題幹是商禽的〈眉〉，乃是測驗學生對於此詩的敘述主體是否能掌握。而第二題以洛夫〈沙包刑場〉爲題幹，並與部編本第三冊屈原〈國殤〉結合起來，因此學生必須能同時掌握這兩篇作品，才可能作答。

2

將新詩詩句只作爲選擇題的選項之一，不僅同樣可以考出學生對新詩的瞭解程度，而且更容易與其他文體、能力的測驗結合起來，所以其實是一種更有彈性、更能兼容並蓄的出題方式。譬如：

※北區公立高中八十七學年度第二學期第一次聯合模擬考試

以鋪張揚厲的文辭，來豁顯難傳的情狀，增強感人的力量，藉以聳動讀者的視聽，這種辭格叫做「誇飾」，下列何者屬之？

A「酒入豪腸，七分釀成了月光／剩下的三分嘯成劍氣／繡口一吐就半個盛唐」（余光中〈尋李白〉）

B「亦予心之所善兮，雖九死其猶未悔」（屈原〈離騷〉）

C「略有幾莖白髮／心情已近中年／做了過河卒子／只能拚命向前」（胡適〈題在自己的照片

上〉）

D「師次淮上，凶問遂來，地坼天崩，山哭海泣。」（史可法〈復多爾袞書〉）

E「罄南山之竹，書罪無窮；決東海之波，流惡難盡。」（祖君彥〈為李密數隋煬帝罪檄文〉）

答案：ABDE

※成功高中八十七學年度第二學期三年級第一次期中考

下列選項，何者可用來交代男女之情？ A絲蘿非獨生，願託喬木（杜光庭〈虬髯客傳〉） B我將悄悄自無涯返回有涯，然後／再悄悄離去（林泠〈不繫之舟〉） C男有分，女有歸（〈大同與小康〉） D枯桑知天風，海水知天寒（〈飲馬長城窟行〉） E籠鳥檻猿俱未死，人間相見是何年（白居易〈與元微之書〉）

答案：AD

前者考的是修辭格、後者考的是對句意的瞭解，不過相同的是新詩在題目中只是以選擇題的選項之一的方式出現，並且都與古典散文、古典詩詞結合起來；這樣的做法不僅測驗了學生某一方面的文學能力，而且也促進了新舊文學的融會，更能彰顯出文學原理本是貫通的至理。所以，在這一方面，新詩考題的發展空間是相當大的。

㈢第三面向

新詩考題的面貌，除了可以是一般的選擇題之外，也可以用閱讀測驗的方式出現，另外，以新詩來引導學生作文，也是相當不錯的方式。

1

將新詩考題設計爲一般的選擇題，是最爲普遍的方式。譬如：

※八十七年大學聯考

下列是一節現代詩，請依詩意選出排列順序最恰當的選項

「夏長晝永，山深如古鐘

這一帶山間有一位隱士(甲)

把廊外一排排高肅的古松(乙)

他來時長袖翩翩地飄擺(丙)

要多少寂靜才注得滿呢／這樣渾圓的一大口空洞(丁)

不經意輕輕地撫弄　弄響了千弦的翡翠琴」

A甲乙丙丁　B甲丙乙丁　C乙丁甲丙　D丁甲丙乙

答案：D

※成功高中八十八學年度第一學期一年級第一次期中考

「你底心是小小的窗扉緊掩」（鄭愁予〈錯誤〉）一句中，所使用的修辭方式同於下列何者？A東風不來，三月的柳絮不飛（鄭愁予〈錯誤〉）　B現在是秋夜的鬼雨，嘩嘩落在碎萍的水面，如一個亂髮盲睛的蕭邦在虐待千鍵的鋼琴（余光中〈鬼雨〉）　C我是天空裡的一片雲／偶而投影在你的波心（徐志摩〈偶然〉）　D橋，搭築在兩岸之間；友情，聯繫在兩心之間（張秀亞〈北窗下〉）

答案：C

除了評量的內容是新詩之外，這樣的題目在外形上與一般選擇題毫無分別，學生無須費力去適應，減少因考題設計方式不同而出錯的可能。

2

將新詩設計成閱讀測驗的形式，便能針對某一首新詩作較爲深入、細緻的探討，照理說來，最能測驗出學生對此首新詩的瞭解程度，也可以說是最能反映出學生新詩欣賞能力的命題方式。

※北區公立高中八十七學年度第二學期第二次聯合模擬考

細讀下列詩句後，回答其下二題：

我的妻子是樹，我也是的；
而我的妻子是架很好的紡織機，
松鼠的梭，紡著縹緲的雲，
在高處，她愛紡的就是那些雲。

而我，多希望我的職業
祇是敲打我懷裡的
小學堂的鐘，
因我已是這種年齡——
啄木鳥立在我臂上的年齡。

——鄭愁予〈卑亞南蕃社〉

「我的妻是架很好的紡織機，／松鼠的梭，紡著縹緲的雲」意謂：

A我的妻是天上織女，縹緲的雲彩就是她的作品

B以我的妻的身軀做成的紡織機，織成的布好像天上的雲

C形容松鼠在樹枝間跳躍如梭；白雲飄過枝椏，有如布匹一般

D我的妻敏捷如松鼠，勤於紡績

答案：C

「因我已是這種年齡——／啄木鳥立在我臂上的年齡」文中的「我」的年齡應是：

A老年　B中年　C青年　D少年

答案：A

這兩題都是著眼於此詩的內容來命題，深淺程度適中，可說是不錯的考題。不過，若是命題時能注意到一題內容、一題形式的搭配，應該是更爲理想的。

3

現今的作文題型已經掙脫了框框，朝著非傳統的、新異多姿的方向發展；其中有一種非常常見的命題方式，是在一開始給一段引導文字，然後要求學生就此來作文。目前所見到以新詩來命題的作文題型，僅有一題，就是屬於這一種：

※八十七年大學聯考

說明：1.請由下列兩個題目任選一題作文。
2.請抄題，文言、白話不拘，須加新式標點。
3.不得以詩歌或書信體寫作，違者不予計分。

鄭愁予〈錯誤〉一詩有云：「那等在季節裡的容顏如蓮花的開落」。等待的心情也許平靜，也許焦躁；等待的滋味也許甜蜜，也許苦澀；等待的過程也許短暫，也許漫長；等待的結果也許美好，也許幻滅。凡人都有「等待」的經驗，請以「等待」為題，寫一篇文章，內容至少應包括：等待的對象（人、事、或其他）、等待的過程、等待的心情、等待的結果……。

〈散戲〉中的「秦香蓮」故意賴掉了一段戲，卻一點歉疚的神色也沒有，惹得秀潔大怒。林文月在〈蒼蠅與我〉中，面對小林一茶的溫厚心境，自覺有些羞愧。其實「慚愧」是一種自我反省的反應，有了這種自省的能力，才可能檢討自己的言行，提昇自我的境界。你一定也曾有覺得慚愧的時候，請以「慚愧」為題，具體描述你覺得慚愧的事件、原因和心情。

因爲所引的詩句就是出自部編本選錄的新詩，所以學生就沒有看不懂的問題，這在命新詩作文題時是首先要注意的要點；千萬不能在題目就考倒了一部份或大部分的考生，因爲如此就無法測出學生的作文程度了，這對作文命題來說，是最大的敗筆，對學生來說，是最大的不公平。

不過，我們可以看得出來，以新詩來命作文題，還屬罕見，因此發展空間非常大。

㈣第四面向

第四個面向所要探討的是學生新詩欣賞能力的測驗，因此也可說是最精采、最重要的部分。

關於新詩欣賞能力，爲了探討的便利起見，我們可大別爲「內容」與「形式」兩大部分；當然，所謂「內容決定形式，形式表現內容」，內容與形式是密切相關的，兩者之間要作截然的畫分，是不可能的事；但是我們仍可依據其「主要趨向」，來稍作畫分，並以此來檢驗當今的新詩命題是否意到這兩者間的均衡。

1

關於新詩內容方面，一種常常見到的出題方式是：考學生對一句或一小段詩句的涵義是否明白。譬如：

※成功高中八十七學年度第一學期第三次模擬考

閱讀下列現代詩後，請作答以下二題：

在此地，在國際的雞尾酒裡

我仍是一塊拒絕溶化的冰
常保持零下的冷
和固體的堅度

我本來也是很液體的
也很愛流動，很容易沸騰
很愛玩虹的滑梯

但中國的太陽距我太遠
我結晶了，透明且硬
且無法自動還原

——余光中〈我之固體化〉

此詩寫於作者在美國愛荷華大學「國際作家工作坊」研究時期。作者以「我仍是一塊拒絕溶化的冰」表態何種風骨？ A卓然獨立 B桀驁不馴 C孤芳自賞 D麤頑鄙吝

答案：A

下列敘述何者為非？ A作者表白心迹，曾是很愛活動，很容易熱血沸騰的人 B「中國的太

陽距我太遠」，乃一語雙關，有著難以言喻的隱痛　C「我結晶了，透明且硬」意謂不隨流俗　D本詩熱情洋溢，呈現傳統君子同而不和的情操

答案：D

※成功高中八十七學年度第一學期第二次模擬考試

請問下列哪一段詩句是在描述李白的詩歌成就？　A酒下豪腸，七分釀成了月光／餘下的三分嘯成劍氣／繡口一吐就是半個盛唐（余光中〈尋李白〉）　B而今黃河反從你的句中來／驚濤與豪笑／萬里滔滔入海（余光中〈戲李白〉）　C人在江湖／心在江湖／江湖註定是你詩中的一個險句（洛夫〈李白傳奇〉）　D你追求的仙境也不在藥爐／也不在遁身難久的酒壺／那妙異的天地／開闔只隨你入神的毫間（余光中〈念李白〉）　E而今你乃／飛過嵩山三十六峯的一片雲／任風雨送入杳杳的鐘聲（洛夫〈李白傳奇〉）

答案：ABD

前面的閱讀測驗選的是余光中〈我之固體化〉，並不艱澀，所考的兩個小題，都是試圖測出學生對詩意的理解、掌握程度；在其中的一個選項，並溶入了《文化基本教材》的知識（君子應是「和而不同」，而非「同而不和」）。而後一題考李白的詩歌成就，則學生必須能解讀選項中的

詩句，並對李白生平有所瞭解，才能選擇出正確的答案；這可說是新詩與古典文學知識結合的一個努力。

此外，考新詩所敍述的主體（包括題目）也是相當常見的一種命題方式：

※北區公立高中八十七學年度第二學期第一次聯合模擬考試

下列文字是鄭愁予一首新詩中的片段，請斟酌上下文，為（　）處填上最適當的字或詞：

「當魚塘寒淺留滯著游魚
小溪漸漸瘖啞歌不成調子
（　）說，我來了，我來探訪四月的大地
我來了，我走得很輕，而且溫聲細語地
我的愛心像絲縷那樣把天地織在一起」

A春　B風　C雲　D雨

答案：D

※八十五年大學入學考試中心學科能力測驗

「酒入豪腸，七分釀成了月光

餘下的三分嘯成劍氣
繡口一吐就半個盛唐
從開元到天寶，從洛陽到咸陽
冠蓋滿途車騎的囂鬧
不及千年後你的一首
水晶絕句輕叩我額頭
噹地一彈挑起的回音」

上列詩句所描寫的人物是： A韓愈 B岑參 C杜甫 D李白

答案：D

※八十七年大學入學考試中心學科能力測驗

「風靜了，我是
默默的雪。他在
敗葦間穿行，好落寞的
神色，這人一朝是
東京八十萬禁軍教頭

如今行船悄悄

向梁山落草

山是憂戚的樣子」

上引楊牧新詩的題材取自某部中國古典小說，這部小說應是：

A《三國演義》B《儒林外史》C《紅樓夢》D《水滸傳》

答案：D

※成功高中八十八學年度第二學期一年級國文科競試

「謫居人間

一宿凝睇苦思

練就了一身圓轉

剔透的心

毫不掩飾的

利用落土前的最後

回眸

流露絕美的驚

嘆！」

這首詠物小詩，依其詩意內涵來判讀，題目應該是：

A眼淚　B流星　C朝露　D鑽石

答案：C

※成功高中八十七學年度第一學期第二次模擬考試

請為這首新詩選出最恰當的題目：

一對相戀的魚
尾巴要在四十歲以後才出現
中間隔著一道鼻樑
猶如我和我的家人
中間隔著一條海峽
這一輩子怕是無法相見
偶爾
也會混在一起
祇是在夢中的他們的淚

A眉　B眼　C耳　D唇

答案：B

看來，這是相當受歡迎的命題方式；敍述主體可能是人、可能是物，在詩篇中都會留下足夠的線索讓學生追索。除了可以測驗出學生的欣賞能力之外，在寫人的方面，可以考學生對人物的基本認識，楊牧那題甚且與古典小說知識結合起來；在寫物的方面，則可試出學生對物象特徵的掌握能力。因此可說是頗爲理想的出題方式。

有時，則會要求學生選出空格內最適合的詞語：

※八十八年大學入學考試中心學科能力測驗

「此刻正像是水底的世界

一切已沈澱，靜寂

那些遠近朦朧的樹枝

如（　）叢生海裡

藍空上緩泛過光潔的浮雲

是片片無聲的（　）

只有一隻古代的象牙舟

在珍珠的海上徐划」(夏菁〈月色散步〉)

上引為一節現代詩，(　)內最適合填入的詞語分別是：

A寶石、柳絮　B珊瑚、浪花　C枯藤、泡沫　D秀髮、雪花

答案：B

同樣地，學生也須對詩意能夠掌握，才能作正確的抉擇。

此外，文學主要運用「形象思維」，要靠形象來說話，因此「意象」的重要性不言可喻，這點在古典文學和現代文學中皆然；所以學生是否能理解新詩中的意象，當然是要加以檢測的。

※成功高中八十八學年度第一學期一年級第一次期中考

鄭愁予〈錯誤〉一詩鎔古典於現代，將傳統詩詞中的意象加以活用。請問下列選項中的詞語何者屬於上述的情形？　A柳絮　B江南　C東風　D錯誤　E春帷

答案：ABCE

※成功高中八十七學年度第二學期三年級第一次期中考

關於鄭愁予的〈錯誤〉，下列哪一個選項是正確的？A時間的安排是「今昔今」B「東風不來，三月的柳絮不飛／你底心如小小的寂寞的城／恰如青石的街道向晚」，主要在抒寫女子之孤寂 C「跫音不響，三月的春帷不揭／你底心是小小的窗扉緊掩」，主要在抒寫女子之堅貞 D空間的處理是由大而小，再由小而大 E「那等在季節裡的容顏如蓮花的開落」，「蓮花」這個意象使此詩融入了深刻的佛理

答案：ABCD

前一題的題幹考的是作者從古典中鎔鑄新意象的功力，學生必須熟悉新詩詩句與古典文學，方能作答；後一題的E選項則是考學生對「蓮花」這個意象是否能準確掌握。不過，大致說來，針對「意象」的考題並不多見。

內容的核心是——主旨，因此學生對新詩的欣賞，在內容方面應匯歸到主旨上，方可說是畢其全功，而新詩考題對此當然不宜忽略。

※八十六年大學聯考

細讀下列詩篇，回答其下二題：

我的寂寞是一條長蛇，

靜靜地沒有言語。
你萬一夢到牠時，
千萬啊，不要悚懼！

牠是我忠誠的伴侶，
心裡害著熱烈的鄉思：
牠想那茂密的草原——
你頭上的，濃鬱的烏絲。

牠月光一般輕輕地
從你那兒輕輕走過；
牠把你的夢境銜了來，
像一只緋紅的花朵。

——馮至〈蛇〉

本詩是一首情詩，詩中之「鄉思」即「相思」之諧音。下列敘述最符合本詩詩旨的選項是 A描寫雙方熱戀之愛情 B描寫雙方相互之關懷 C描寫一己暗戀之情思 D描寫一己絕望之悲

哀

答案：C

詩人在詩中藉長蛇銜來「你」的夢境，委婉含蓄地表達出一種對「你」的心情。下列四則流行歌詞中，若僅就文意來看，最接近詩人此種心情的選項是 A我選擇了你，你選擇了我，這是我們的選擇 B所有的愛情只能有一個結果，我深深知道那絕對不是我 C我多麼希望知道你的心裡怎麼想？年輕的心，是否擁有一樣的願望 D心中想的念的盼的望的不會再是你，不願再承受，要把你忘記

答案：C

這個閱讀測驗所屬的兩小題，考的都是新詩的內容，而且前一題考的即是主旨，後一題也十分接近。不過，在目前所看到的考題中，針對主旨來考的尚不多見。

2

關於新詩形式，可以著力的方向也很多，「文法」就是其中的一種：

※成功高中八十八學年度第二學期一年級國文科競試

鄭愁予〈錯誤〉：「跫音不響，三月的春帷不揭」，是屬於何種關係構成的複句？ A並列 B假設 C因果 D轉折

答案：C

這個題目出得相當不錯；不過關於這方面的考題目前很少見。

有時，會以新詩特殊的構句方式，或新詩特有的句法爲對象，來設計題目：

※成功高中八十八學年度第二學期一年級國文科競試

鄭愁予〈錯誤〉：「我達達的馬蹄是美麗的錯誤」用美麗來形容錯誤，運用相反的觀點看待同一事象，然後壓縮成一句，看似矛盾卻值得玩味。以下選項中運用到類似手法的選項是：（甲）溫柔的慈悲（乙）吃苦當作吃補（丙）多情的無情（丁）缺陷美（戊）自然就是美

A甲丙丁 B乙丙丁 C甲乙丙丁 D乙丙丁戊

答案：B

※八十七年大學聯考

現代詩為求特殊效果，常將原本符合語法結構的句子分行割裂，如林泠〈不繫之舟〉：

「我將悄悄自無涯返回有涯，然後
再悄悄離去」

「然後再悄悄離去」本是一完整的句子，但詩人卻分行割裂以強化離去之輕悄無息。下列詩句，屬於此種表現方式的選項是：

A東風不來，三月的柳絮不飛
你底心如小小的寂寞的城
恰如青石的街道向晚

B風起的時候
一隻蜻蜓從池塘的縐紋上面起飛
一株花拒絕了一隻蝴蝶
一朵雲推開了一座山

C我在駝峯
看到天地的行腳
一步步緩緩逼來
帶著風塵，和我

迎面撞擊
D河邊，垂釣者的對話
在水中寫成漣漪，交由
水鳥在山谷中傳誦
E於是，我的靈魂也醒了，我知道
既渡的我將異於
未渡的我，我知道
彼岸的我不能復原為
此岸的我

答案：CDE

前一題考的就是特殊的構句方式，後一題是新詩的特殊句法。在設計題目時也多能注意到與古典文學、其他新詩、日常生活結合在一起，以同時測驗學生多方面的能力。

在目前的國文教學中，「字句修飾」的講解佔著重要的地位；而同樣的修飾美化字句的道理當然也是可運用到新詩上的：

※八十七年大學聯考

「喝酒不開車，開車不喝酒」這句標語的結構，是以上句相同的文字改換次序而形成下句，下列文句中同樣具有此種結構的選項是 A詩中有畫，畫中有詩 B信言不美，美言不信 C我泥中有你，你泥中有我 D君子周而不比，小人比而不周 E月光戀愛著海洋，海洋戀愛著月光。

答案：ABCE

※北區公立高中八十七學年度第二學期第三次聯合模擬考

下列新詩何者運用「轉化修辭」：

A我達達的馬蹄是美麗的錯誤／我不是歸人／是個過客（鄭愁予〈錯誤〉）

B羊腸道上／騎單車的少年／不發一語／用一束馨香買通春天（王聖齡〈芬芳〉）

C愛情／淋濕了／又風乾了／留下許多的皺折（筱曉〈被淋溼的愛〉）

D老花鏡片剛一扶正／所有的鉛字竟都齊聲吼了起來（向明〈讀報〉）

E迷你裙短得像一朵火花／一閃／整條接便燃燒了起來（羅門〈禮拜堂內外〉）

答案：BCDE

※成功高中八十七學年度第二學期三年級第一次期中考

下列選項，何者含有摹聲詞？ A我達達的馬蹄是美麗的錯誤／我不是歸人／是個過客（鄭愁予〈錯誤〉） B無惛惛之事者，無赫赫之功（荀子〈勸學〉） C我聞琵琶已嘆息，又聞此語重唧唧（白居易〈琵琶行〉） D我有胡桃一對，祖父常放在手裡揉動，葛咯葛咯的作響（梁實秋〈舊〉） E擊甕叩缶，彈箏搏髀，而歌呼嗚嗚快耳者，真秦之聲也（李斯〈諫逐客書〉）

答案：ACDE

※成功高中八十八學年度第二學期一年級國文科競試

下列各選項中，屬於聽覺摹寫的是： A雪飛之夜，你便聽見冷冷／青鳥之鼓翼聲（周夢蝶〈樹〉） B俯耳地面／一顆顆頭顱從沙包上走了下來（洛夫〈沙包刑場〉） C那純粹是另一種玫瑰／自火焰中誕生（瘂弦〈上校〉） D我在你的影子裡悄悄的簽個名／就成了一幅畫／掛在我左邊的心室裡（張健〈畫中的霧季〉） E啊！一聲美麗的驚叫／瀑布一樣掛下／——轟（白靈〈大黃河〉）

答案：ABE

※成功高中八十九學年度第一學期二年級第一次期中考

關於「譬喻」修辭格，下列選項中的敘述何者是正確的？　A譬喻的目的之一是以具體說明抽象。白居易〈琵琶行〉中「間關鶯語花底滑，幽咽泉流水下灘」二句，恰合乎此要求　B譬喻通常是利用讀者熟悉的舊經驗，來說明新事物。曹雪芹〈劉姥姥〉：「老劉！老劉！食量大如牛，吃個老母豬不抬頭！」其中出現的譬喻，就合乎此原則　C良好的譬喻必須能引起讀者正確的聯想。因此方苞〈左忠毅公軼事〉：「吾師肺肝，皆鐵石所鑄造也。」此一譬喻令人想到左公之堅貞　D譬喻乃是由「喻體」、「喻依」、「喻詞」配合而成的，而「喻依」的作用在於比方說明「喻體」，因此兩者之間必有一相似點，但其他特質儘可截然不同，才有新穎之感受。方苞〈左忠毅公軼事〉：「目光如炬」就具有上述之特色　E譬喻最好用於篇首以提起全篇主旨。因此余光中〈白玉苦瓜〉第一句即是「似醒似睡，緩緩的柔光裡」

答案：ABCD

前面所看到的針對字句修飾所命的題目，同樣地需要學生同時具備新詩欣賞及辭格辨識能力；其中甚且有一題考的是辭格的特色與美感，比起只是辨析辭格，這應是值得努力的方向。

起著組織篇章、美化篇章作用的「章法」，雖然相當重要，但在目前的國文教學中並未受到應有的重視，所以關於這方面的考題也是相當罕見：

※成功高中八十九學年度第一學期二年級第一次期中考

方苞〈左忠毅公軼事〉和白居易〈琵琶行〉都運用了賓主法，前者的「主」為左光斗，「賓」為史可法；後者的「主」為白居易，「賓」為琵琶女。請問下列選項中所錄的新詩，何者也運用了賓主法？

A席慕蓉〈試驗之一〉

他們說　在水中放進
一塊小小的明礬
就能沈澱出　所有的
渣滓

那麼　如果
如果在我們的心中放進
一首詩
是不是　也可以
沈澱出所有的　昨日

B落蒂〈淒涼〉

打開自己珍藏的日記
發現只有無題詩三首

一首我拿起來
一口一口吃下

一首拿給妻
為冬日的生活點火

另一首
我想，只有寄給你

C
劉克襄〈圖畫〉
小時候我的魚就長滿了牙
紅紅綠綠，兇猛活潑
我長大，魚也長大

越來越溫順
牙存兩三顆
身上也剩黑白的顏色

D夏宇〈甜蜜的復仇〉
把你的影子加點鹽
醃起來
風乾
老的時候
下酒

答案：A

新詩題幹考的是賓主法，而答案是A，「明礬」爲「賓」，「詩」爲「主」，形成的結構是「先賓後主」。至於B選項，則是運用凡目法，形成的結構是「先凡後目」，C選項用的是今昔法，形成的結構是「先昔後今」，D選項用的是因果法，形成的結構是「先果後因」。出題時最重要的當然是對章法能夠準確地掌握，此外能兼顧到古典與現代、課內與課外的結合，也是不錯的。不過，這方面的考題實在需要命題者多多的耕耘。

還有，考新詩詩句的重組，也曾經是相當流行的題型：

※八十三年大學入學考試中心學科能力測驗

請依文意選出排列順序正確之選項：

「頭白的蘆葦（甲）
把斜陽掉在江上（乙）
還馱著斜陽回去（丙）
歸巢的鳥兒（丁）
雙翅一翻（戊）
儘管是倦了（己）
也妝成一瞬的紅顏了」（劉大白〈秋晚的江上〉）

A甲乙丁丙己戊　B丁己丙戊乙甲　C丁甲丙乙戊己　D甲乙己丙丁戊

答案：B

※八十四年大學入學考試中心學科能力測驗

下列是一節現代詩，請依詩意選出排列順序最恰當的選項：

「高處必定風勁，敢站出來

要等風起，才霍霍地招展（甲）

平靜的日子不動聲色（乙）

敢露天屹立，就不怕孤立（丙）

就不怕風險（丁）

風聲鮮明的本色，誰說孤掌就難鳴？」（余光中〈旗〉）

A丁甲乙丙　B乙丁甲丙　C丁丙乙甲　D丙乙丁甲

答案：C

※八十五年大學入學考試中心學科能力測驗

下列是一節現代詩，請依詩意選出排列順序最恰當的選項：

「在早年，弓馬刀劍本是

比辯論修辭更重要的課程

所以我封了劍，束了髮，誦詩三百（甲）

子路暴死，子夏入魏（乙）

自從夫子在陳在蔡（丙）

我們都悽悽惶惶地奔走於公侯的院宅（丁）

儼然一能言善道的儒者了……」

A丙丁甲乙　B丙乙丁甲　C丁甲丙乙　D丁丙乙甲

答案：B

※八十六年大學入學考試中心學科能力測驗

下列是一節現代詩，請依詩意選出排列順序最恰當的選項：

「車急駛

敲得路迴峯轉（甲）

要不是落霞已暗（乙）

太陽左車窗敲敲

右車窗敲敲（丙）

敲得樹林東奔西跑（丁）

輪子怎會轉來那輪月」

（羅門〈車入自然〉）

A甲丁丙乙　B乙丙甲丁　C乙丙丁甲　D丙丁甲乙

答案：D

面對這樣的考題，要做出正確的抉擇，除了理清詩句的意脈之外，還須善用對形式的掌握（如頂真、類疊、重章……）等，來幫助判斷。命題時須要特別注意避免也可以說得通的組合方式，以免徒增困擾。

此外，考題有時也會考新詩「敘事觀點」的問題：

※成功高中八十五學年度第二學期三年級第一次期中考

章法與修辭　A林泠〈不繫之舟〉，以旁觀者的筆調，敘其豪放不羈而又堅持心志的情懷　B鄭愁予〈錯誤〉以「過客」的口吻，敘寫閨婦的離愁　C梁實秋的〈舊〉，除以懷舊為其基調外，也主張人應日新又新　D胡適〈社會不朽論〉，認為小我存於大我之中，唯有不朽的小我，才有永恆的大我　E陳列〈八通關種種〉，細緻觀察自然生態，兼具抒情美與報導的真實性

答案：BCE

※北區公立高中八十七學年度第二學期第二次聯合模擬考

作者寫作時，透過某個人物的觀點來敘述事情稱為「敘事觀點」。如洪醒夫〈散戲〉：「秀潔從人與人之間的縫隙裡望過去，看到紙煙上那一點火光在他臉上一閃一滅、一閃一滅，那蒼老憂慮而頹喪的神情便一下鮮明起來。」作者經由「秀潔」而非「我」本身的觀察來描寫金發伯，稱為「第三身觀點」。下列文字採用此種敘事觀點的選項是：

A東風不來，三月的柳絮不飛／你底心如小小的寂寞的城／恰如青石的街道向晚

B晉太原中武陵人，捕魚為業，緣溪行，忘路之遠近。忽逢桃花林，夾岸數百步，中無雜樹，芳草鮮美，落英繽紛，漁人甚異之。

C我注意到，牠其實並不是完全靜止，正一刻不停地搓動著細細的足部。這種動作令我記起小林一茶的俳句。

D妾髮初覆額，折花門前劇。郎騎竹馬來，繞牀弄青梅。同居長干里，兩小無嫌猜。

答案：B

前一題的A、B選項，後一題的整個題目，都是在考「敘事觀點」。「敘事觀點」當然也是值得注意的問題，不同的敘事觀點有其不同的特色與侷限，在文學作品中會造成不同的效果，很值得提出討論。

三、展望

對目前已經出現的新詩考題作過一番檢視後，不禁要爲認真的老師們鼓掌鼓勵。因爲在考題中，處處可見命題老師們殫精凝慮的痕迹，可說是每個試題都是老師們的心血結晶；而且許多試題出得相當好，不僅切中要點，還能融會貫通。

不過，「精益求精」的空間還是有的；尤其是檢視的對象若擴大到坊間的測驗卷時，值得商榷的地方會更多。那麼，該如何避免命題的失誤？以及更積極一點的，如何命出更能測出學生程度的考題？這都是值得我們費心思考的。也許，可以從以下的幾個方向來努力（其中的正、反例證，皆爲筆者所擬）：

㈠答案不宜模稜兩可。若是選項的設計不夠精密，使得答案模稜兩可，那麼這顯然是一個不合格的題目。譬如：

※「流離的風帆莫停靠
回憶的港灣
那善於眺望的燈塔

　　每逢夜晚
　　就點亮了（　）──（焦桐〈燈塔〉）

請問（　）內的詞語是：A相思　B回憶　C心靈　D鄉愁

答案：D

答案雖是「鄉愁」，但「相思」、「回憶」也頗能吻合詩中意境，甚至「心靈」好像也未嘗不可。若真考出這樣的題目，總不能在檢討時跟學生說：原詩就是如此，沒別的理由。這樣學生是不能心服的，也就失掉測驗的意義了。

㈡答案不宜有爭議。考試是要計分的，因此要有明確的答案；如果因答案不能確定而造成爭議，用「詩無達詁」的話來替自己解套，是無法讓人接受的。

※「雞，
　　縮著一腳在思索著。
　　而又紅透了雞冠。
所以，

秋已深了……。」（林亨泰〈秋〉）

詩人在此詩的前三句描繪出一個小景，請問此景是：　A公雞一腳站立　B雞冠花開放　C楓葉紅了　D落日餘暉

答案：B

C和D選項不能列入考慮，應可爲大家所接受；但AB選項孰是孰非，可就有得爭執了，而且到最後可能還是各說各話、各是其是。因此像這樣的考題就絕不應出現。

㈢目前所見的新詩考題中，在內容方面，考得較多的是句（段）涵義、詩歌的敘述主體等，但同樣重要的內在意脈的掌握、意象和主旨，卻較少著墨，這不能不說是一種缺憾。

※「土地被陽光漂白
成為一面鏡子
樹樂於看　八等身的自己
樹也悲哀過　逐漸矮小的自己
樹的心情　一熱一冷
任光與影擺佈

陽光被雲翳
樹影跟鏡子消失
樹孤獨時才察覺
紫根在泥土才是真的存在

認識了自己
樹的心才安下來
再也不管那些
光與影的把戲
紫根在泥土的才是自己」（陳秀喜〈樹的哀樂〉）

下列選項中，何者的敘述最合於此詩意脈的推演？ A樹由「不自覺」到「孤獨」到「自覺」 B樹的心情由「樂」而「哀」而「樂」 C樹因陽光而「樂」，因雲而「哀」，因泥土而「哀樂中節」 D樹因「光與影」而哀樂，與泥土無關

答案：A

※「一個孤獨少年說：

她的笑聲是一把閃亮閃亮的銀角子
撒得滿地叮噹叮噹作響
而我不是一座開著門的電話亭
唉，根本不是——
就連小小的小小的一枚企望
都不能投入。」（方莘〈開著門的電話亭〉）

詩中「開著門的電話亭」象徵的意義是什麼？ A表示此電話亭無人使用，是閒置著的 B電話亭不應開著門，所以「開著門的電話亭」代表的是一種錯誤的嘗試 C電話亭的公用電話本來就是人人皆可使用，更何況是「開著門」，因此這表示一種放縱的態度 D「開著門」表示接納任何人，「電話」則使人與人之間能交流情感，因此「開著門的電話亭」表示人與人之間能溝通交流

答案：D

※「妳是冬季最後一頁日曆
我想撕去妳就會看到春天的草原
沒想到當我撕去妳

不止息的雪
迎面撲來
其實寒冬剛剛降臨
雪
才是你永遠的眼神
我用什麼抵抗呢？」（渡也〈棄婦〉）

請問詩中的「雪」，象徵的意義是什麼？　A棄婦的悲涼　B棄婦的容顏之美　C用來譬擬楊花　D棄婦的相思

答案：A

※「孤獨的小舟都是歪斜地擱著
全世界的沙灘都是如此的
而如同歪斜的頭
裡面充盈著悲哀」（方旗〈小舟〉）

此詩所要抒發的是：　A廢棄的荒涼　B孤獨的悲哀　C沈淪的苦痛　D從眾的無奈

答案：B

〈樹的哀樂〉一題考的是詩意的推演；〈開著門的電話亭〉和〈棄婦〉兩題則是考學生對意象的掌握；〈小舟〉一題則是圈定「主旨」來設計題目。這些都是屬於內容的範疇，都是我們解讀新詩時，所必要瞭解的。

㈣在形式方面，詩句重組、特殊句法和修辭格是比較常見的命題重點，不過文法、章法、音節押韻……，以及其中的一些足堪注目的特殊藝術手法（例如色彩的配置、時空的設計、知覺的轉換等等），卻鮮少出現；但這些對於捕捉新詩的美感有很大的意義，因此若是在考題中長期缺席，那是相當可惜的。

※「戰士說，為了防衛和攻擊
詩人說，為了美
你看，那水牛頭上的雙角
便這般莊嚴而娉婷的誕生了」（周夢蝶〈角度〉）

請問上列的這首詩，所形成的是什麼結構？ A「先因後果」 B「先果後因」 C「先賓後主」 D「先主後賓」

答案：A

※所謂的正反法就是將兩種極度不同的材料並列起來，作成強烈的對比，藉反面的材料襯托出正面的意思，以增強主旨的說服力與感染力。請問下列所舉的新詩中，哪幾首用到了正反法？

A躲開相思，
　披上裘兒，
　走出燈明人靜的屋子。

　小徑裡明月相窺，
　枯枝——
　在雪地上
　又縱橫地寫遍了相思。（冰心〈相思〉）

B人們看不見葉底的花，
已被一雙蝴蝶先知道了。（楊華〈小詩〉之一）

C月落時，
我的心花謝了，
一瓣一瓣的清香
化成她夢中的蝴蝶。（宗白華〈月落時〉）

D遠遠的
靜悄悄的
閒置在地平線最陰暗的一角
一把張開的黑雨傘（張默〈鴕鳥〉）
E趁相思微微睡去的時候，
把她絞死了。
深深地埋在九幽之下；
但當春信重來的夜裡，
她又從紅豆枝頭復活了。（劉大白〈淚痕〉七十三）

答案：ABE

※「五月，
透明的血管中，
綠血球在游泳著——。
五月就是這樣的生物。
五月是以裸體走路。

在丘陵，以金毛呼吸。
在曠野，以銀光歌唱。
於是，五月不眠地走路。」（詹冰〈五月〉）

關於此詩中色彩的配置，下列的敘述何者正確？ A「綠血球」代表的是樹，令人感覺充滿生機 B「金毛」代表陽光，有蓬勃的朝氣 C「透明的血管」，令人想到淋漓的鮮血，帶出奇詭的感受 D「銀光」代表月光，清亮怡人 E「裸體」二字令人聯想到雪白的肉體，有孤冷的感受

答案：ABD

※請問下列選項所引的詩句中，哪些詩句出現了對「未來」（虛時間）的描寫？

A「我在樓下寫詩，
寫完了，
不是我底了；
讀了一遍，三四遍後，
我也不見了。」（俞平伯〈我與詩〉）

B「開的花還不多；

且把這一樹嫩黃的新葉
當作花看吧。」（胡適〈小詩〉）

C「你是春天的燈
在綠野上照明了
一條走向花林的路徑」（麗砂〈蝶〉）

D「若是過橋的鞋聲，當已遠去
達到夕陽的居處，啊，我們
我們將投宿，在天上，在沒有星星的那面」（鄭愁予〈下午〉（節錄））

答案：D

※「燈已滅了，
殘花只管散著餘香。
攲枕處——
只一兩聲飛雨
打著窗戶。
聽到此時，

一切的心都淡了！」（冰心〈倦旅〉（節選））

請問在上列的詩句中，共運用了哪幾種知覺？ A視覺、嗅覺、聽覺 B觸覺、視覺、聽覺 C視覺、聽覺 D觸覺、嗅覺、聽覺

答案：A

周夢蝶〈角度〉一題和正反法一題，考的是章法；詹冰〈五月〉一題考的是色彩的配置；而「虛時間」一題，則是測驗學生對時空設計是否有概念；冰心〈倦旅〉一題，則要求學生檢視詩篇中知覺的轉換。當然，偏於形式的特殊設計還有許多可注意者，尚待老師們持續地開發考題。

(五)統合內容與形式而形成的風格，可說是新詩鑑賞的終極目標，但卻未見就此著眼的考題。

※秦觀〈浣溪沙〉：「自在飛花輕似夢，無邊絲雨細如愁」，風格秀美纖柔，請問下列選項中的詩句，何者的風格近於此？ A有的人活著／他已經死了／有的人死了／他還活著。（臧克家〈有的人〉（節選）） B心裡懷念著人，見了螢火，也疑是從自己身裡出來的夢魂。（和泉式部） C黃昏，深夜／槐花下的狂風／藤蘿上的密雨／可能容我暫止你？／病的弟弟／剛剛睡濃了呵！（冰心〈繁星〉九六） D略有幾莖白髮，／心情已近中年。／做了過河卒子，／只能

拚命向前。（胡適〈題在自己的照片上〉）　E我要做一個流浪的少年／帶著一只鍍金的蘋果／一只銀髮的蠟燭／和一隻從埃及國飛來的紅鶴／旅行童話／去向糖果城的公主求婚……（綠原〈小時候〉（節選））

答案：BC

很明顯的，A和D選項是以較爲質樸的語言，直抒出胸臆中的感嘆、憤懣與無奈；而E選項的語言，則是兒童般的天真與亮麗；只有B和C選項，其風格才是柔婉而纖細的。

㈥若是針對一首新詩出兩個以上的題目，形成了題組，則這些題目命題的方向最好不要集中在某一方面。

※「山巔之月
　矜持坐姿
　　擁懷天地的人
有簡單的寂寞

而今夜又是
花月滿眼
從太魯閣的風簷
展角看去
雪花合歡在稜線
花蓮立霧于溪口
谷園雲壤如初耕的園圃
坐看峯巒盡是花
則整列的中央山脈
是粗枝大葉的

附註：1太魯閣爲原住民語音譯，峭壁直矗數百尺，如風簷懸空。
2合歡啞口爲中橫公路最高點，其上爲大雪場。
3立霧溪流經太魯閣峽谷，至花蓮入海。」（鄭愁予〈東台灣小品之一〉）

閱讀上列之詩後，請回答問題：

1請問下列選項中的敘述，何者為「非」？A此詩以「而今夜又是／花月滿眼」二句，統攝起前面的「月」和後面的「花」B「雪花合歡在稜線／花蓮立霧于溪口」二句中，「合歡」、「立霧」屬「雙關」 C「山巓之月／矜持坐姿」二句，運用了「轉化」格 D此詩的空間架構是「由低而高」

答案：D

2「擁懷天地的人，有簡單的寂寞」，意謂：A安貧樂道 B嚴肅的孤獨 C高處不勝寒的悲涼 D逍遙的境界

答案：B

第一題的選項問了關於章法、修辭、時空設計等方面的問題，全是屬於形式方面的；而第二題考的則是主旨，是內容方面的。因此形式與內容都兼顧到了，無一偏廢。

(七)可以嘗試用兩首新詩作比較的方式來命題；在比較中，更能看出學生思辨鑑賞的能力。

※「獅子蜷伏在我的背後，
軟綿綿的他總不肯走。
我正要推他下去，
忽然想起了死去的朋友。

一隻手拍著打呼的貓，
兩滴眼淚濕了衣袖；
『獅子，你好好的睡罷，——
你也失掉了一個好朋友。』」（胡適〈獅子〉）

「不敢入詩的
來入夢

夢是一條絲
穿梭那
不可能的
相逢」（覃虹〈夢〉）

試比較上列的兩首新詩，所抒發的各是哪一種情感？ A前者友情、後者親情 B前者愛情、後者親情 C前者友情、後者愛情 D前者親情、後者愛情

答案：C

※「在我思想底森林深處，

有一泓清冽的寒泉
林間的羣獸常到這裡飲水解渴，
也在泉水上，照出它們粗野的容顏。」（鍾鼎文〈心〉）

「上帝呀，自從我們的祖先學習
　　樹族直立起來之後
已是多麼久而我們又是多麼累了
今天我要不匍匐下去成為四足獸
　是要費多大的力量才能撐持呢」（方旗〈四足歌〉）

閱讀上列二詩後，請選出敘述正確的選項：　A皆頌揚人性的光輝　B皆以「獸」來譬擬自己　C前者運用了「譬喻」法，後者出現了「呼告」格　D皆有押韻的韻腳　E皆以第一人稱口吻敘述

答案：CDE

前一題針對敘述主體作比較，後一題的涵蓋面則大得多了；不過，相同的是，學生都必須能同時解讀兩首詩，才可能選對選項。

(八)新詩命題最好盡量朝「統整」、「綜合」的方向努力。這可以包括不同的能力、不同的文體、古典與現代等等的融會貫通。

※「她在灶下煮飯，
新砍的山柴，
必必剝剝的響。
灶門裡嫣紅的火光，
閃著她嫣紅的臉，
閃著她青布的衣裳。

他銜著個十年的煙斗，
慢慢的從田裡回來；
屋角裡掛去了鋤頭，
便坐在稻牀上，
調弄著隻親人的狗。

他踱到欄裡去，
看一看他的牛；
回頭向她說，
『怎樣了——
我們新釀的酒？』
門對面青山的頂上，
松樹的尖頭，
已露出了半輪的月亮。
孩子們在場上看著月，
還數著天上的星；
『一，二，三，四，……』
『五，八，六，兩，……』
他們數，他們唱：
『地上人多心不平，

天上星多月不亮。』」（劉半農〈一個小農家的暮〉）

關於此詩，下列哪些選項的敘述是正確的？ A在時間上，此詩採用順敘法 B第一節出現「嫣紅的火光」、「嫣紅的臉」、「閃紅的青布衣裳」，使人感覺到妻子的性情溫暖柔和 C此詩的語言平淡自然，決不故意求奇 D詩末出現的兩句歌謠，是用作反面的對照 E此詩的主旨在歌頌「平凡即是幸福，知足即能常樂」

答案：ABCDE

※歐陽修的〈縱囚論〉是著名的翻案文章。請問下列哪一選項的詩句，也具有翻案的性質？

A「發芽了，
苗在這裡。
夭折了，
樁在這裡。
離開了，
根在這裡。」（穆仁〈鄉土〉）

B「黑夜給了我黑色的眼睛
我卻用他尋找光明」（顧城〈一代人〉）

C「揮拳的苦楝樹也無聲
只當你嗑開，那一顆顆
失血的心似的苦楝子
才會淒然的從你口中
拼出一聲
苦」（向明〈苦楝樹〉（節選））

D「關於園丁的童話已經很舊很舊
早該走出小小花圃的感傷
只有這樣才敢於承認自己是喬木
在綠化世界的同時
也為一切大廈提供著硬質棟樑
關於母愛的比喻已經過分柔軟
早該走出母親瞳孔的淒惶

只有這樣才敢於承認自己是雄鷹
因為有了自己的高翔
才帶出了雛鷹的高翔」（毛志成〈挺立起另一種輝煌〉（節選））

答案：D

※請問下列選項中，何者蘊含了人事滄桑的今昔之感？A「秋荼春薺，昔日之象白駝峯也；丹楓白荻，昔日之蜀錦齊紈也。」（劉基〈司馬季主論卜〉）B「茅草堆裡，一個孤墳。／連碑也斷了，哪知道墳裡睡的什麼人。／種菜的老人向我說：／六十年前，這一帶都是華屋朱門。我說／百二十年前是怎麼樣？恐怕又是滿地荊棘！」（胡懷琛〈孤墳〉）C「舊時王謝堂前燕，飛入尋常百姓家。」（劉禹錫〈烏衣巷〉）D「我思想，故我是蝴蝶……／萬年後小花的輕呼，／透過無夢無醒的雲霧，／來振撼我斑斕的彩翼。」（戴望舒〈我思想〉）E「吳宮花草埋幽徑，晉代衣冠成古丘」（李白〈登金陵鳳凰台〉）

答案：ABCE

〈一個小農家的暮〉題，在五個選項中，分別問了時間設計、色彩配置、語言風格、正反章法、主旨等問題，可說是包含了形式與內容，應有盡有。而「翻案」題則將新詩與古典散文結合起來，而且從翻案與否來考，也是一個很新鮮的角度；D選項中的兩節都形成「先立後破」的結構，因此具有翻案的性質。而「人事滄桑」題，則融合了新詩與古典詩、古典散文，頗有古今同慨之感。

(九)新詩作文題是值得好好開發的處女地。在目前的階段，直接在考試中測驗學生的新詩寫作能力，可能時機還不成熟，但是以新詩作爲導引，卻是可行的。而且這也可以分成兩個方面：其一是以小題的方式（佔分約十分），引導學生應用某一（或某些）辭格創造佳句，或模仿某些作法寫作短文；其二就是長篇的散文寫作。

※請閱讀下列詩句，然後按要求寫作：

1「長春藤一樣熱帶的情思。」（鄭愁予〈水手刀〉（節選））

作者用「長春藤一樣熱帶的」來形容「情思」，是因為長春藤予人糾纏環繞的聯想，而且熱帶又給人浪漫熱情的感受。請你也發揮想像力，寫出一句「……的情思」，「……」中的字不可超過二十個。

2「孤獨是一衰老的獸
潛伏在我亂石磊磊的心裡」（楊牧〈孤獨〉（節選））

作者以「衰老的獸」喻孤獨，是因為孤獨一向潛伏在我們心裡，因此以「衰老」寓寫其存在時間之久；而圈定為「獸」，是因為獸迹靈敏、獸迹悄悄，如同當我們心緒不平不寧、脆弱敏感時，孤獨就出現了。請你也以自己的體會，用譬喻的方式，寫出「孤獨是……」，「……」中的字不可超過三十個。

※請閱讀下列新詩，然後按要求寫作：

「攤開畫冊
柳枝伸出
長臂　在空中
細細描繪著
風的柔肌

不拿利刃
流水在時間的河道
耐心雕刻
岩石的孤獨」（林彧〈風流〉）

此詩擷取有關「風」、「流」的事物，造出出色的、具代表性的形象。請你也模仿類似的作法，以「紅」為題，寫出一百字以內、精練優美的散文。

※「我要新生，我是綠草
我要伸出嫩綠的小手去接取陽光
讓黑夜留下的淚滴消溶
我歡喜，我生長在新的土地上
我永遠沐著愛的光和甜蜜的雨
我要用小小的生命
裝飾這黃色的山谷」（魯藜〈草〉（節選））

「——在沒有冬天的地方，野草
你會枯亡嗎？
——我將枯亡
為了肥沃那生我養我的土壤
——在被火燒過的地方，野草

你會復生嗎？

——我定復生

為了撫慰那眷我念我的母親」（范若丁〈野草〉）

這兩首詩都是歌詠草，卻是從不同的角度著眼——小草的新生和野草的復生，來傳達出對生命的熱愛。請你以〈回憶〉為題，試著從以下的兩個角度中選擇一個來切入，寫成短文，以抒發對此的感受；短文的字數在三百～四百之間，須標出題號。

1歡樂的回憶讓我熱愛生命

2痛苦的回憶讓我熱愛生命

※請閱讀下列的這首詩，然後按要求作文：

「我喜歡你這顆頂大的星兒。

可惜我叫不出你的名字。

平日月明時，月光遮盡了滿天星，總不能遮住你。

今天風雨後，悶沈沈的天氣，

我望遍天邊，尋不見一點半點光明，

回轉頭來，

只有你在那楊柳高頭依舊亮晶晶地。」（胡適〈一顆星兒〉）

「一顆星兒」象徵的是作者心中高懸的理想；則此詩或可解讀為對理想的追尋，雖經波折而絕不放棄。你是不是也有屬於自己的理想呢？在追尋理想的過程中，你的體悟是什麼？請用散文表達，字數在五百字以上。

用新詩詩句來訓練學生鍛鍊佳句、寫作短文，可揮灑的空間實在很大，效果也特別的好。至於一般作文，當然也可用新詩作爲引導文字，而且新詩之精警，常會給予學生更多的感受。

四、結語

記得好幾年前，在某個班上寫下新詩題目，要求他們練習新詩寫作時，有個學生舉手問道：「老師，寫新詩可以規定題目嗎？」我想，那個學生如果看到現今多樣風貌的新詩考題，一定也會問：「老師，新詩可以用來考試嗎？」

但是，事實上，學生初初練習寫作新詩時，規定題目有助於他們將構思的範圍縮小、明確，不致茫無所歸，所以是相當必要的引導手段。同樣的，「考新詩」也是一種引導，既讓學生有閱讀新詩的機會，也提點學生可以從哪些方面著眼來欣賞新詩；所以，更進一步來說，「好」的新詩考題，就是一個「好」的引導。

因此，老師們在命題時，不僅不需要有「焚琴煮鶴」的心理負擔，還可以很高興地想到：自己在傳播新詩、傳播美的過程中，扮演了一個很重要的腳色呢！這樣，出新詩考題，也成爲一種愉快了！

（感謝范曉雯老師提供部分資料）

附錄

國中及各版本高中課本選錄新詩課文一覽表

一、國中部分

㈠課本全六冊

	作者、篇名	出現冊數、課數
1	楊喚〈夏夜〉	第一冊第一課
2	余光中〈車過枋寮〉	第二冊第四課
3	蓉子〈傘〉	第四冊第六課
4	梁雲坡〈射手〉	第四冊第六課
5	鄭愁予〈小小的島〉	第五冊第三課

◎第三、六冊未選錄新詩

二、選修本全三冊

	作者、篇名	出現冊數、課數
1	胡適〈老鴉〉	第一冊第二十七課
2	守真〈鴨〉	第一冊第二十七課
3	劉半農〈一個小農家的暮〉	第一冊第二十八課
4	林彧〈ㄇㄚ．ㄇㄚ〉	第一冊第二十九課
5	徐志摩〈再別康橋〉	第二冊第二十六課
6	楊令野〈五衣詞〉	第二冊第二十七課
7	羅青〈水稻之歌〉	第二冊第二十八課
8	余光中〈一枚銅幣〉	第三冊第二十五課
9	文曉村〈一盞小燈〉	第三冊第二十六課

◎感謝賴玫怡老師提供資料

二、高中部分：

第一冊

版本	作者、篇名	課數
三民	鄭愁予〈錯誤〉、蘇紹連〈七尺布〉	第四課
大同資訊	胡適〈夢與詩〉、紀弦〈雕刻家〉、向陽〈立場〉	第八課
正中	徐志摩〈再別康橋〉、覃子豪〈吹簫者〉	第十二課
龍騰	徐志摩〈再別康橋〉、鄭愁予〈錯誤〉	第十四課
翰林	徐志摩〈再別康橋〉	第四課

第二冊

版本	作者、篇名	課數
南一	鄭愁予〈錯誤〉、席慕蓉〈一棵開花的樹〉	第四課
翰林	鄭愁予〈錯誤〉	第九課

第三冊

版本	作者、篇名	課數
大同資訊	鄭愁予〈錯誤〉、余光中〈等你，在雨中〉	第四課
正中	余光中〈成都行〉、洛夫〈水墨微笑〉	第六課
翰林	余光中〈白玉苦瓜〉	第四課

第四冊

版本	作者、篇名	課數
三民	余光中〈尋李白〉、李魁賢〈碑〉	第五課
南一	吳晟〈土〉、向陽〈立場〉	第五課
龍騰	吳晟〈蕃薯地圖〉、莫那能〈恢復我們的姓名〉	第十三課
翰林	瘂弦〈坤伶〉、〈乞丐〉	第五課

第五冊

版本	作者、篇名	課數
大同資訊	蘇紹連〈冷熱飲販賣機〉、馮青〈成長〉	第五課
龍騰	馮至〈十四行集之十六〉、方思〈港〉	第十二課

第六冊

版本	作者、篇名	課數
南一	張錯〈茶的情詩〉、羅門〈「麥當勞」午餐時間〉	第六課

◎資料取材自《國文天地》第十六卷、第八期

參考書目

一、章法（結構）類

辭章學概論	鄭頤壽	福建教育出版社	一九八六年十月初版
文章結構學	吳應天	中國人民出版社	一九八九年八月三刷
文章學導論	張壽康	新學識文教出版中心	七十九年一月初版
篇章修辭學	鄭文貞	廈門大學出版社	一九九一年六月第一版
國文教學論叢	陳滿銘	萬卷樓圖書有限公司	八十年七月初版
作文教學指導	陳滿銘	萬卷樓圖書有限公司	八十三年十月初版
國文教學論叢續編	陳滿銘	萬卷樓圖書有限公司	八十七年三月初版
文章章法論	仇小屏	萬卷樓圖書有限公司	八十七年十一月初版

文章結構分析——以中學國文課文爲例	陳滿銘	萬卷樓圖書有限公司	八十八年五月初版
詞林散步——唐宋詞結構分析	陳滿銘	萬卷樓圖書有限公司	八十九年一月初版
篇章結構類型論（上、下）	仇小屏	萬卷樓圖書有限公司	八十九年二月初版
章法學新裁	陳滿銘	萬卷樓圖書有限公司	九十年一月初版

二、新詩類

小詩三百首（第一册）	羅青主編	爾雅出版社	六十八年五月初版 七十九年八月九印
小詩三百首（第二册）	羅青主編	爾雅出版社	六十八年五月初版 七十三年十月七版

鄭愁予詩選	鄭愁予	洪範書店	一九七九年九月初版 一九九九年十月六十印
中國新詩賞析（一、二、三）	林明德、李豐楙、呂正惠、何寄澎、劉龍勳編著	長安出版社	七十年四月初版
余光中詩選	余光中	洪範書店	一九八一年八月初版 一九九九年三月二十印
新詩賞析	楊昌年	文史哲出版社	七十一年九月初版
小詩選讀	張默編著	爾雅出版社	七十六年五月初版 八十三年九月四印
詩美學	李元洛	東大圖書公司	七十九年二月初版
新詩鑑賞辭典	上海辭書出版社	上海辭書出版社	一九九一年二月第二版 一九九九年一月第九刷
一首詩的誕生	白靈	九歌出版社	八十年十二月初版 八十二年十月四印

意氣草	唐捐	詩之華出版社	八十二年五月初版
新詩三百首（上、下）	張默、蕭蕭主編	九歌出版社	一九九五年九月初版
			一九九六年五月二版一印
新詩50問	向明著	爾雅出版社	一九九七年二月初版
可愛小詩選	向明、白靈編	爾雅出版社	一九九七年二月初版
			一九九八年十一月三印
拜倫 雪萊 濟慈 詩選	穆旦譯	洪範書店	一九九七年五月初版
新詩二十家	白靈主編	九歌出版社	一九九八年三月初版
台灣現代詩學研究	潘麗珠	五南圖書有限公司	八十八年三月初版一刷
中國新詩詩藝品鑑	周金聲主編	湖北教育出版社	一九九九年十月第一版
洛夫·世紀詩選	洛夫	爾雅出版社有限公司	二〇〇〇年五月初版
世界情詩名作一〇〇首	陳黎、張芬齡譯著	九歌出版社	二〇〇〇年八月初版

三、其他

修辭學	曹冕		
中學國文教學法	蔣伯潛	泰順書局	六十一年五月再版
詩學指南	顧龍振	廣文書局	六十二年四月再版
桐城吳氏古文法	吳闓生	台灣中華書局	六十二年九月台三版
修辭學	黃慶萱	三民書局	六十四年一月初版
			八十三年十月增訂七版
古文評註全集	過商侯選	宏業書局	六十八年十月再版
	蔡鑄評註		
中學國文教材教法	黃錦鋐	教育文物出版社	七十年二月初版
古文關鍵	呂東萊	廣文書局	七十年七月再版
古文辭通義（上、下）	王葆心	台灣中華書局	七十三年四月台二版

美學概論	陳望道	文鏡文化事業有限公司	七十三年十二月重排初版
李白詩論	阮廷瑜	國立編譯館	七十五年七月初版
古文析義合編	林雲銘	廣文書局	七十八年一月七版
中國文論大辭典	彭會資	百花文藝出版社	一九九〇年七月初版
文學心理學	錢谷融、魯樞元	新學識文教出版中心	一九九〇年九月台初版
美學原理	楊辛、甘霖	曉園出版社	一九九一年五月初版
修辭通鑑	向宏業、成偉鈞、唐仲揚	中國青年出版社	一九九一年六月初版
作文津梁	曾忠華	學人文教出版社	八十年十月新版·
古文觀止	吳楚才選 王文濡評註	華正書局	八十一年十月初版
評註文法津梁	宋文蔚	復文圖書出版社	八十二年二月修定二版
審美心理學	邱明正	復旦大學出版社	一九九三年四月第一版第一刷

寫作心理學	劉雨	麗文文化	一九九五年三月初版
寫作美學	張紅雨	麗文文化	一九九六年十月初版
作文新題型	賴慶雄、楊慧文編著	螢火蟲出版社	一九九七年十月初版 二〇〇〇年九月初版十一刷

下在我眼眸裡的雪

新詩教學（修訂版）

著　　者：仇小屏
發 行 人：許素真
出 版 者：萬卷樓圖書股份有限公司
臺北市羅斯福路二段 41 號 6 樓之 3
電話(02)23216565・23952992
傳真(02)23944113
劃撥帳號 15624015
出版登記證：新聞局局版臺業字第 5655 號
網　　址：http://www.wanjuan.com.tw
E－mail：wanjuan@tpts5.seed.net.tw
承印廠商：晟齊實業有限公司
定　　價：320 元
出版日期：2001 年 2 月初版
2002 年 6 月再版
2005 年 5 月再版二刷

ISBN 957－739－396－9